CW01430217

# Marcello Lippi

# LA SQUADRA

conversazione con Rosa Alberoni
prefazione di Francesco Alberoni

Rizzoli

# Indice

# Prefazione
di Francesco Alberoni

Nella primavera del 2006, quando stavano per cominciare i Campionati del Mondo, il calcio italiano è stato travolto dal più grande scandalo della sua storia. Improvvisamente quello che per tutti era il mondo della lealtà sportiva, uno dei pochi campi in cui ciò che conta è la capacità ed il valore, appariva come il regno dell'inganno e della corruzione. Tutti sembravano sotto accusa, squadre gloriose, manager importanti, arbitri, campioni famosi. E gli italiani in quel momento temevano che la Nazionale, che si trovava in Germania per combattere, potesse venir coinvolta nella bufera, se non altro emotivamente. Temevano che i calciatori potessero perdere la fiducia nel calcio ed in se stessi, cedere psicologicamente. Il solo che avrebbe potuto evitare il crollo, tenere unita la squadra nella tempesta, tener lontano i gas velenosi che la minacciavano, il solo che avrebbe potuto convincere i giocatori a salvare il calcio italiano e se stessi era vincere, era l'allenatore. Occorreva un allenatore che, oltre alle capacità tecniche, avesse

7

una straordinaria capacità di raccogliere, unire, guidare gli uomini. Occorreva un condottiero. Per fortuna dell'Italia l'allenatore era Marcello Lippi.

Non avrei scritto questa prefazione, se non conoscessi Lippi personalmente, e non l'avessi incontrato più volte con mia moglie mentre costruiva lentamente la squadra e affrontava le prime delicate tappe del Campionato del Mondo. E ricordo che ogni volta, più del risultato del momento, la sua principale preoccupazione era la qualità dei rapporti fra i giocatori, il consolidarsi, il funzionamento del gruppo. Non gli bastava un risultato brillante ma temporaneo, voleva creare una compagine che fosse capace in seguito di battersi contro le squadre più forti del mondo e, possibilmente, vincere.

Marcello Lippi ama il calcio, lo ama fin da bambino, gioca al pallone anche sette otto ore al giorno in pineta, poi si avvia alla carriera di calciatore. Ma molto presto comprende che la sua vera vocazione non è giocare, è fare l'allenatore. Allora studia, si prepara con tenacia e con cura per realizzare il suo sogno. Fin dall'inizio giunge alla conclusione che il calcio è un gioco collettivo, per cui non vince un giocatore per quanto bravo, ma vince la squadra. Puntando solo su uno o due grandi campioni, si possono vincere delle partite, ma non si ottiene una continuità di prestazioni, di risultati. Questi li dà solo la squadra. E la squadra è una entità sociale vivente rivolta verso un fine. L'allenatore è colui che sceglie i suoi membri, le dà una struttura, gestisce i calciatori in modo che ciascuno di loro dia il meglio di sé, e tutti si muovano verso l'obiettivo comune. E deve motivarli continuamente, impedire che crollino ad una sconfitta e si rilassino dopo una vittoria. Per ottenere questo ad un allenatore non bastano le conoscenze tecniche, deve essere un vero leader.

Nel corso della mia vita ho incontrato due tipi di leader. Quelli che ritengono di dover fare tutto da soli, che non ascoltano o ascoltano distrattamente i loro collaboratori e seguaci, che non discutono, che danno ordini e basta. Costoro possono essere bravissimi, suscitare entusiasmo, ottenere grandi risultati, però finiscono sempre per circondarsi di persone mediocri e di gente che dice di sì. I leader dell'altro tipo, invece, pur avendo una grande autorevolezza, vivono in mezzo ai loro collaboratori, li ascoltano, discutono con loro e non prendono decisioni senza parlarne o in modo arbitrario. I primi possono avere grandi successi ma corrono sempre il rischio, in caso di sconfitta o di pericolo, che il loro esercito si sfaldi. Gli altri no, perché hanno creato una comunità compatta, costituita di tanti individui coscienti che sanno capire, ubbidire, prendere l'iniziativa nel momento opportuno. Lippi appartiene a questa seconda categoria di leader. Egli sceglie i suoi giocatori ad uno ad uno, dice loro cosa vuole, che cosa si aspetta che facciano, indica la meta comune da raggiungere, crea entusiasmo. Li riunisce, spiega il perché delle sue scelte, ascolta, discute. Se deve elogiare o rimproverare qualcuno, lo fa davanti agli altri.

Il gruppo per lui viene prima degli individui. Nel gruppo tutti sono importanti, nel gruppo tutti sono al servizio degli altri e dello scopo comune. Nessun calciatore può considerarsi bravo se gli altri non lo riconoscono tale, anche il capitano della squadra non è scelto dall'allenatore, ma da tutti. La squadra è una entità cementata dalla fiducia e dalla stima reciproca, dal reciproco aiuto, dalla dedizione comune ad una meta.

Lippi, in sostanza, ha una concezione etico-sociale della squadra, una concezione etico-sociale della leadership. Ma è anche un realista, conosce la fragilità e la forza degli uomini, dei suoi giovani calciatori, conosce l'importanza straordinaria della motivazione. C'è una immagine che mi ha colpito nella sua intervista. Noi, egli dice ai giocatori, siamo come attorno ad una tavola piena di cibo. Ma non siamo soli, vi sono altri. Chi mangerà di più? Chi ha più fame. Così, in un campionato, vincerà chi è più motivato a vincere. Ma dopo aver vinto, la fame diminuisce, scompare. Come si fa a rinnovarla anno dopo anno, in modo da continuare a vincere? È il segreto dei condottieri. Alessandro, Cesare hanno trascinato i loro uomini di campagna in campagna per anni ed anni, per migliaia di chilometri, vincendo sempre. Lippi ha questo dono. I suoi uomini lo percepiscono come un capo, un capo autorevole, capace di decidere, che non ha esitazioni e paure, ma nello stesso tempo è vicino. Sentono che li conosce a fondo, si fidano di lui, credono in lui, lo seguono. Anche dopo una sconfitta sa rianimarli, dopo una vittoria spingerli più avanti.

Per fare una squadra e condurla alla vittoria, il leader deve affrontare anche il mondo esterno, essere un diplomatico e uno stratega. All'inizio, quando ha incominciato a girare l'Italia per scegliere i suoi giocatori, la gente aveva una immagine negativa dei calciatori della Nazionale. Così ha spiegato ai suoi giovani che l'immagine si corregge solo col comportamento, vincendo sul campo. Poi ha gestito con perizia consumata i rapporti con i vari Club, utilizzando nel modo migliore i loro giocatori senza affaticare quelli più famosi e sovraoccupati, e facendo giocare le partite amichevoli all'estero a coloro che avevano più tempo e bisogno di esperienza internazionale. Poi ha protetto la squadra dai veleni mortali dello scandalo del calcio come una muraglia cinese, affrontando personalmente con coraggio e chiarezza la stampa.

Lippi è un uomo fiero, orgoglioso, suscettibile. Ma ha anche una straordinaria forza interiore, un grande autocontrollo, domina le sue paure, le sue incertezze, i suoi turbamenti. Ai suoi uomini non fa trasparire niente. Essi lo vedono sempre calmo, silenzioso, forte, sicuro di sé, trasmette sicurezza, fiducia. La psicoanalisi ha sempre detto che il capo è il padre. Lippi non è un padre. Lo dice esplicitamente ai suoi giocatori: «Voi avete già un padre, io non sono vostro padre». Il padre ha troppi legami emotivi col figlio. Il capo deve essere lucido, razionale, obiettivo.

Per questo i grandi artisti del Rinascimento mandavano i figli a lavorare nella bottega di un altro. E i generali romani li inviavano ad apprendere il mestiere delle armi sotto il comando di un collega. Eppure il Mister deve anche essere vicino ai suoi ragazzi, in alcuni casi agire come un padre. I suoi calciatori devono ammirarlo, temerlo, ubbidirgli, ma anche amarlo. I legionari romani amavano Cesare, i greci Alessandro, i francesi Napoleone. Nel suo campo Lippi ha ottenuto lo stesso risultato.

Ascoltandolo, leggendo il libro, sono giunto alla conclusione che Lippi ha costruito la sua capacità di leader perché aveva delle doti naturali, ma anche con la volontà, con l'applicazione, superando uno dopo l'altro tanti ostacoli, sempre consapevole che dopo una vittoria ci potrebbe essere dietro l'angolo una nuova difficoltà. Per questo è misurato nell'esultanza, riservato nel prevedere il futuro, umile nel presentare se stesso. Non sottolinea mai la fatica, le difficoltà del percorso fatto, ne fa cenno considerandole parti integranti della vita. L'esultanza si traduce in un sorriso pacato. Certo è soddisfatto di ciò che ha costruito, però la soddisfazione è soprattutto interiore, e come l'ha raggiunta resta un segreto, un enigma anche per lui. La meta stessa ha in sé ha qualcosa di enigmatico, e l'averla guadagnata esige una gioia pacata, serena e poi capacità di stare con se stesso, ritrovarsi per ricominciare. Il suo carattere, il suo autocontrollo indica una riserva di energia per i tempi supplementari che potrebbero esserci.

In questo libro-intervista Marcello Lippi non ha voluto raccontare le vicende dei Mondiali, né entrare nelle polemiche del calcio, né raccontare le storie private o i pettegolezzi delle squadre e dei giocatori. Lippi ha voluto comunicare i suoi valori, i suoi principi ispiratori, la sua concezione della squadra, del ruolo dell'allenatore, il suo metodo. Non gli aspetti specialistici, tecnici, ma quelli sociali, umani, morali, che poi sono decisivi perché la squadra è composta da uomini con passioni, paure, forze e debolezze. E l'allenatore è un condottiero di uomini. Egli, me lo ha detto e ripetuto, voleva comunicare agli altri la sua esperienza, il suo sapere per essere utile a tutti coloro che operano nel calcio, agli allenatori, ai giocatori, al pubblico. Ed io mi sento di aggiungere che questa lezione sulla leadership ed i rapporti umani sarà in realtà utile agli imprenditori, ai dirigenti di ogni tipo di impresa, ai politici, ed anche ai padri e alle madri. E sarà preziosa per tutti coloro che vogliono guidare altre persone a realizzare una impresa, valorizzando e facendo crescere la loro personalità, le loro capacità, le loro virtù.

# La squadra

Capitolo primo

# La magia dei Mondiali

ROSA ALBERONI  *Mister Marcello Lippi, come è arrivato alla Nazionale?*

MARCELLO LIPPI  Tutto è nato due anni fa, nel 2004, quando avevo già trascorso otto anni come allenatore alla Juventus e due all'Inter, e volevo staccare la spina. Sentivo di non avere più l'entusiasmo necessario, perché ero convinto che i giocatori mi avessero già dato tutto quello che avevano da dare. Loro erano validi, ma io temevo l'assuefazione, l'abitudine dello stare insieme. Mentre, con un altro allenatore, ero certo che potessero tirar fuori delle qualità nascoste. Avevo ancora un anno di contratto, un buon contratto, eppure andai dalla dirigenza e dissi: «Guardate, io voglio staccare la spina, voglio fermarmi per qualche tempo, perché sento che non ho più la spinta interiore di una volta, quel tanto che ci vuole per guidare una squadra come la Juventus, una squadra ai vertici». E loro capirono, apprezzarono. Così decidemmo insieme che a fine anno avrei lascia-

17

to la squadra per prendermi un periodo di riposo. E questo era davvero il mio proposito. Desideravo andare cinque o sei mesi in barca, pensare al mare e basta. E dopo, quando mi fosse ritornata la voglia, avrei ricominciato con il mio lavoro.

ROSA ALBERONI    *E invece cosa accadde?*

MARCELLO LIPPI    La Nazionale stava giocando gli Europei in Portogallo, e non andava bene. Fu eliminata. Allora mi chiamò Carraro e mi chiese: «Vuoi venire ad allenare la Nazionale?». Per me la Nazionale è sempre stata una cosa magica. Fin da ragazzino sognavo quella magia.

ROSA ALBERONI    *Allenare la Nazionale è come scalare l'Everest...*

MARCELLO LIPPI    ...è come raggiungere la vetta dell'Everest, il massimo che possa capitare ad uno che gioca a calcio. Io ho sempre detto che la Nazionale è un sogno, una magia per qualsiasi giocatore. Ed allora, quando mi venne offerto di realizzare il sogno della mia vita, tutti i miei propositi di viaggi per mare naufragarono. Pensi, quella che doveva essere la mia estate dedicata al mare ed alla vela, si trasformò nella vacanza più breve dei miei ultimi dieci anni. Durò solo una settimana. Allenare la Nazionale, oltre ad essere un grandissimo privilegio ed un incantesimo, mi permetteva anche di migliorare la qualità della mia vita, perché non avrei più avuto l'impegno quotidiano che richiede il Club: allenamenti tutti i giorni, partite continue, una dopo l'altra. Certo, avrei dovuto guardare, insieme ai miei collaboratori, le partite la domenica, il mercoledì, per osservare in campo i giocatori di tutte le squadre di Serie A, per scegliere quelli da convocare. Però gli altri giorni me ne stavo a casa mia. Con la squadra della Nazionale si gioca una partita ogni quaranta giorni circa. Quindi, mi si prospettava una vita totalmente diversa. Così è iniziata la nuova epoca!

ROSA ALBERONI  *Un'epoca di sfide, di tensioni.*

MARCELLO LIPPI  Una sfida non da poco, sia per il compito affidatomi, sia per la situazione che mi trovavo ad affrontare. In quel momento, nei confronti della Nazionale c'era un grande disamore da parte dei tifosi e degli italiani in genere. La gente diceva che i giocatori erano viziati, troppo ricchi, dediti soltanto ai divertimenti, alle «veline» e alle belle macchine. Questo convincimento popolare era sbagliato, ma c'era. In tutte le attività esiste il buono ed il cattivo, per carità. Ma nei calciatori c'è molto rigore, professionalità, e anche molta, ma molta sensibilità verso i problemi sociali, per esempio. La gente pensa che i giocatori vivano in un Olimpo dorato, che se ne infischino degli altri, delle persone sfortunate, di quelli che soffrono. Invece non è assolutamente vero. Mi creda, la realtà è ben diversa. Quello del calciatore è un lavoro pubblico, totalmente visibile, tutto ciò che uno fa viene scrutato col microscopio. Ogni gesto, ogni parola sbagliata viene pesata e usata contro. E se un calciatore in un momento di pressione, di tensione compie un'azione scorretta, i media subito l'ingigantiscono. E il calciatore, pur riconoscendo l'errore commesso, ha la sensazione che tutto ciò che ha costruito sul campo, prima di quel gesto sciagurato, venga dimenticato, non conti più nulla. Quando capita è una sensazione terribile. E il calciatore deve superarla giocando, non ha altri strumenti, se non quello di tornare sul campo da gioco e dimostrare la sua bravura. Ed è per questo che, quando i calciatori compiono un gesto di solidarietà, lo fanno per se stessi, non vogliono che sia conosciuto. Infatti, è raro che si venga a sapere che un giocatore è andato da un bambino malato per trascorrere mezza giornata con lui. Per regalargli un sogno che gli darà la forza di lottare contro la malattia e magari sconfiggerla, come talvolta è accaduto.

ROSA ALBERONI *Questo gli fa onore, e personalmente lo apprezzo perché, agendo di nascosto, compiono un gesto di autentica carità, che è dare a chi ha bisogno per la gioia di farlo, e non per vanità. Il gesto di carità, quando non è uno show, vale il doppio.*

MARCELLO LIPPI Cristianamente vale di più. Loro infatti lo fanno di nascosto perché, ritenendosi più fortunati, sentono di dover regalare un momento di gioia a chi ne ha più bisogno.

ROSA ALBERONI  *Torniamo al suo compito nella Nazionale.*

MARCELLO LIPPI  Il mio compito, quando sono arrivato alla Nazionale, aveva un triplice obiettivo. Primo: far capire agli italiani che era stata data loro una visione distorta della Nazionale. Gli azzurri avevano avuto un momento difficile, ma potevano risorgere. Occorreva, quindi, aiutarli a risorgere. Come? Tornando ad amarli, ad esserne orgogliosi. Secondo: far capire agli italiani che avevamo degli ottimi giocatori. Dovevo, quindi, prodigarmi per cancellare l'alone negativo da cui erano circondati. Quando sono arrivato ad allenare la Nazionale molta gente pensava: «Ma sì, chi se ne importa di quelli là! Non giocano con il cuore, pensano solo ai soldi, non gli interessa la maglia della Nazionale, ci fanno sfigurare». Che brutti pensieri! Profondamente sbagliati, ma c'erano. Che brutta immagine aveva la gente dei nostri calciatori. Ed anche che ingiustizia verso i nostri ragazzi. Comunque sia, quella era l'immagine. E quindi bisognava far emergere la vera identità dei giocatori. Terzo: creare la Squadra degli Azzurri.

ROSA ALBERONI  *Compito non facile, visto che le squadre più importanti della Serie A abbondano di calciatori stranieri.*

MARCELLO LIPPI  E infatti i calciatori italiani – e per la Nazionale ne occorrono almeno ventitré – bisognava andarseli a cercare anche nelle squadre di Palermo, Genova, Udine, Livorno ecc. Cioè in quelle collocate non ai vertici delle classifiche. Quindi, era indispensabile scoprire nuovi talenti, carpire le loro capacità, far emergere le loro qualità più preziose ed autentiche. Come può immaginare, con ragazzi così diversi fra loro, riuscire a creare una squadra forte e coesa, è un compito arduo. Ci vuole un miracolo. E chi conosce il mondo del calcio sa che non sto esagerando. Io comunque volevo tornare a dare agli italiani una Nazionale di cui essere fieri. Con questo intento ho cominciato ad andare in tutti i ritiri delle nostre squadre per parlare con tutti i giocatori italiani.

ROSA ALBERONI   *Cioè, comincia la sua scalata dell'Everest.*

MARCELLO LIPPI   La sua metafora, signora, si addice: la difficoltà non consisteva solo nel dover percorrere tutta la Penisola, da Torino a Palermo, per cercarsi i calciatori italiani e formare una squadra. La scalata, ripeto, non stava tanto in questo, ma nella costruzione della squadra. E la squadra andava costruita. E non è semplice, perché non basta mettere dei calciatori uno accanto all'altro. Molti di essi non avevano l'esperienza internazionale – come per esempio Fabio Grosso – e quindi era necessario fargliela fare. Per formare una squadra forte, l'azione primaria, fondamentale, è quella di coinvolgere i ragazzi sul piano emotivo, cercare di fargli comprendere a che cosa vanno incontro. Per questo, in ogni ritiro che ho visitato, ho parlato con tutti i giocatori italiani dai diciotto ai quarant'anni. Volevo far capire ad ognuno che tipo di squadra intendevo organizzare. Un episodio per tutti: quando andai al Milan, Costacurta mi salutò e poi disse: «Io vado, Mister». «No, no, resta», gli risposi. «Con me vuol parlare? Io ho quarant'anni, non le servo.» «Non è detto, stai qui, perché potrebbe succedere che un giorno io abbia bisogno di te. E quindi vorrei che ascoltassi quello che ho da dire.» Così ho parlato con tutti i giocatori italiani ed ho spiegato loro che noi avevamo un compito importantissimo: dovevamo, prima di tutto, far tornare la gente a credere nella Nazionale. E per ottenere questo, dovevamo prima di tutto diventare noi una squadra ben compatta. Ma volevo di più. Volevo che i giocatori scelti, appena giunti in Nazionale, avessero l'impressione di dover giocare, in parallelo, in due squadre: quella del proprio Club e la Nazionale.

ROSA ALBERONI   *Il suo scopo mirava a creare anche nella Nazionale lo stesso spirito di gruppo che c'è in un Club?*

MARCELLO LIPPI   Certo. Era assolutamente indispensabile creare nella Nazionale un nuovo spirito di corpo, un gruppo coeso, dove nessuno doveva sentirsi una primadonna. Non solo. Ma in cui tutti dovevano anche provare la felicità di partecipare, quando l'allenatore li chiamava. Questo era l'atteggiamento che mi aspettavo da loro. E durante gli incontri lo ribadivo a tutti, quando andavo a trovarli nei vari ritiri sparsi per l'Italia. Devo dire che ho trovato subito, e in tutti, una grande disponibilità, una grande voglia di partecipare. E tanto entusiasmo, soprattutto da parte di quei calciatori che non facevano parte delle grandi squadre. Gli esordienti erano entusiasti perché avevano l'occasione di accedere alla ribalta internazionale. Ricordo che, fin dai primi allenamenti, ho notato, piacevolmente stupito, che avevano proprio l'atteggiamento che desideravo, che sognavo, che serviva. Ero stupito perché mi ero attrezzato psicologicamente proprio per trasmettergli entusiasmo. Ed invece, regalo inatteso, erano loro che lo trasmettevano a me!

ROSA ALBERONI   *Da cosa lo capiva?*

MARCELLO LIPPI   Lo capivo da come stavano bene insieme, da come si aiutavano, dall'impegno, la grinta, la voglia di giocare bene e con il cuore, da come scherzavano, ridevano. Era una esperienza entusiasmante. Dai loro comportamenti deducevo, captavo che stava nascendo qualcosa di importante.

ROSA ALBERONI   *Stava nascendo la Nazionale che gli italiani si aspettavano, che sognavano. La squadra che ci meritavamo, mi ci metto anch'io, visto che sono una tifosa della Nazionale.*

MARCELLO LIPPI   Non ci sono dubbi, ogni italiano sogna, anzi in qualche modo pretende che la propria squadra si faccia onore sul campo, ne va della propria dignità. Tutti i giocatori – di tutte le Nazioni – questo lo sanno. Infatti quando perdono, come ha potuto vedere, piangono lacrime amare. Cosa che non accade quando perdono una partita di campionato, sia pure importante.

ROSA ALBERONI   *E dal punto di vista tecnico ha incontrato degli scogli?*

MARCELLO LIPPI   Alcuni, quelli prodotti dalla macchina del calcio. Io conoscevo le problematiche che dovevo affrontare, avendo allenato per tanto tempo delle squadre di vertice. Sapevo che, quando c'erano da giocare le gare ufficiali per le qualificazioni al Mondiale, i giocatori erano tutti ben disposti ed entusiasti. Invece quando c'erano da giocare le gare amichevoli, i campioni si sentivano meno coinvolti. Addirittura qualcuno chiedeva all'allenatore della propria squadra: «Mister, è proprio necessario che giochi anch'io in Nazionale per un'amichevole?». E questo non perché al campione non interessasse la Nazionale, ma perché il Club non gli concede nessuna sosta. Se un calciatore gioca la domenica, il mercoledì e poi anche il sabato, è sempre sotto torchio, quindi è sfinito, stressato. E soprattutto non riesce a fare la cosa più importante per un calciatore: allenarsi. L'allenamento è fondamentale ed indispensabile per rendere al massimo. Ma se al giocatore non gli si dà il tempo, come fa ad allenarsi? Come lei sa, gli impegni della Nazionale vanno di pari passo con i calendari del campionato di Serie A e con le Coppe. Quindi conosco per esperienza che giocare la domenica a Roma o a Milano, il mercoledì magari a Parigi per le varie Coppe internazionali, tornare alle quattro del mattino, dormire due ore, e il giorno dopo allenarsi, non è una passeggiata. E, in più, devono correre agli incontri ufficiali ed a quelli amichevoli della Nazionale, che si giocano sempre in Paesi diversi. Così i viaggi, le escursioni termiche, il disorientamento della percezione dello spazio, la tensione stancano il corpo e logorano l'energia interiore, indispensabile quanto la forma fisica per rendere in campo. Se ogni mattina, quando apri gli occhi, devi ricordarti dove sei, da quale parte del letto scendere, visto che quasi ogni notte cambi albergo e città, sei frastornato e, quindi, fatichi a trovare la concentrazione. Questo vivere sempre su una corda tesa, la gente non lo conosce o non ci pensa. Solo chi viaggia spesso per lavoro può comprenderlo.

ROSA ALBERONI  *Quindi la vita da campione non è una passeggiata come la gente potrebbe credere.*

MARCELLO LIPPI  Non lo è per niente. Anzi è molto stressante. Io, conoscendo bene questo tipo di vita, sono andato incontro ai ragazzi che sapevo più stressati, più sotto torchio. Mi sono accordato con gli allenatori delle varie squadre. L'accordo era questo: i giocatori impegnati nelle partite di Campionato e in quelle di Coppa, non li avrei convocati nella Nazionale per le partite amichevoli, per consentirgli di allenarsi. Mentre avrei approfittato delle amichevoli per far fare esperienza a quelli che non l'avevano – i calciatori del Palermo, della Sampdoria ecc. – che avevo scelto. Infatti, in un anno e mezzo, gli esordienti sono riusciti a giocare sei, sette amichevoli internazionali. Per un giovane accedere alla ribalta internazionale rappresenta l'occasione della vita. Questa scelta era utile alla Nazionale che stavo costruendo perché chi non aveva esperienza internazionale, durante gli incontri amichevoli aveva l'occasione per farsela. E l'entusiasmo degli esordienti, come può immaginare, era alle stelle. Chi invece questa esperienza internazionale l'aveva già, ed era molto impegnato, veniva lasciato a casa ad allenarsi. In questo modo ho ottenuto il coinvolgimento totale di tutti i giocatori. Quelli delle squadre importanti giocavano per il proprio Club e per le Coppe, perché evitandogli le amichevoli, ottenevo due cose: far recuperare le energie per i Mondiali ai giocatori delle squadre di vertice, e dare un vantaggio a quelli delle squadre minori. Infatti gli esordienti fremevano, venivano all'allenamento con entusiasmo e giocavano con grinta, con il cuore, per amor proprio, per fare bella figura con me e con il pubblico. E per cogliere l'occasione della loro vita.

ROSA ALBERONI  *Si coglie se si sta insieme, se si trova l'intesa fra i compagni, se si crea lo spirito di squadra. Se si diventa una squadra, come dice lei.*

MARCELLO LIPPI  Esatto. Perché è la squadra che conta. È il concetto di gruppo, che ho sempre messo al primo posto da quando faccio l'allenatore, che è indispensabile per diventare una squadra. Capisco anch'io quando un giocatore è indiscutibilmente più bravo, talvolta decisivo per vincere una partita. Non sono così cieco da pensare che siano tutti uguali. Sono diversi, e per fortuna! Ma ciò che conta è che lo capiscano tutti i componenti della squadra. Le dirò di più: per costruire una squadra coesa è determinante che quello più bravo non si senta il più bravo. Ma che siano altri a considerarlo il più bravo, perché solo allora si metteranno naturalmente al suo servizio. E questo avviene se il più bravo non pretende che gli altri lo considerino tale. Con l'orgoglio, con l'imposizione non si ottiene nulla. Deve esserci il riconoscimento spontaneo, una cosa naturale che proviene dall'intelligenza dei giocatori. È stato questo metodo, questa strategia a determinare la vera magia del Campionato del Mondo: l'entusiasmo e la partecipazione di ogni giocatore alla sfida. Al duello che attendeva tutti noi.

ROSA ALBERONI  *Per ottenere il riconoscimento dei compagni di squadra, al più bravo non basta quello che gli viene attribuito dai media, dai tifosi. Deve con-*

quistarselo come essere umano, con la gentilezza d'animo?

MARCELLO LIPPI    Assolutamente sì. Questo avviene anche per il capitano della squadra.

ROSA ALBERONI    *Lei vuol dire che un campione, un fuori classe, per diventare il capitano deve ottenere il riconoscimento di leader dai compagni di squadra?*

MARCELLO LIPPI    È così che avviene. Il capitano della squadra non lo decide l'allenatore, chi comanda, ma la squadra. Deve essere riconosciuto nella quotidianità del rapporto, è una leadership naturale.

ROSA ALBERONI    *Quale aspetto o virtù i calciatori privilegiano in un loro compagno per sceglierlo come proprio capitano? La simpatia, la riservatezza, la capacità di convincere?*

MARCELLO LIPPI    Non è detto che sia un grande oratore, magari il capitano scelto è uno che parla poco o non dice neanche una parola, però evidentemente riesce a trasmettere rigore, professionalità, serenità. Quello che più conta è che avvenga in modo naturale, senza forzature da parte dell'allenatore. È questo che ho sempre cercato di comunicare alle mie squadre fin dall'82, quando ho incominciato il mestiere di allenatore. Ecco perché è stata una grandissima soddisfazione per me arrivare adesso, quasi a fine carriera, a vincere il Mondiale insieme a dei giocatori fantastici, esaltando il concetto di gruppo. Perché noi, durante le partite dei Mondiali, abbiamo avuto un gruppo coeso che ha voluto e creduto fino all'ultimo istante nella «vittoria di squadra». Riuscire in questa impresa, è la cosa più bella che possa accadere nella carriera di un calciatore e di un allenatore. Nei confronti della Nazionale ora c'è, da parte della gente, una sorta di adorazione.

***

ROSA ALBERONI   *Il concetto di squadra è stato sempre così importante per lei?*

MARCELLO LIPPI   È stato fondamentale sempre. Pensi che nel 1974, a ventisei anni, quando ancora giocavo, andai a frequentare un corso per allenatori. Volevo capire tutti gli effetti che i vari allenamenti producevano sul mio corpo. Cioè volevo capire a cosa servissero i numerosi esercizi che gli allenatori fanno fare ai giocatori. In questo modo potevo anche studiare la medicina per lo sport, la fisioterapia, l'atletica.

ROSA ALBERONI   *Forse sentiva già allora la vocazione per il mestiere di allenatore.*

MARCELLO LIPPI   Dentro di me è probabile che fosse così. Ma diventarlo è stato più complicato.

ROSA ALBERONI  *Sono molti i corsi da affrontare per diventare allenatore?*

MARCELLO LIPPI  Sì, ce ne sono tre fondamentali. Il primo è quello di terza categoria, che permette di allenare i dilettanti. Quello di seconda categoria, che permette di allenare fino alla Serie C. Ed infine quello di prima, che permette di allenare tutte le squadre del mondo, comprese le Nazionali. I corsi di prima e seconda categoria non si possono fare fino a quando non si smette di giocare. Ma io, già a metà della mia carriera da calciatore, ho incominciato a pensare come fare per frequentare gli altri due corsi, perché mi sentivo allenatore. Sono sempre stato portato per questa professione. E fin dai primi tempi, quando ho iniziato ad allenare una squadra, ho sempre privilegiato l'aspetto del «gruppo». Ho sempre pensato che una squadra non può essere composta da due o tre giocatori che ti fanno vincere due o tre partite. Per un lungo campionato non sono determinanti. Per realizzare la continuità è fondamentale il ruolo del gruppo, è essenziale la complicità fra tutti i giocatori. E nel gruppo ci sono dei giocatori più importanti, non ci sono dubbi. Però io ho cercato di far capire anche a loro che la squadra non si costruisce solo puntando su due o tre campioni. Nella quotidianità è basilare il concetto di gruppo, il concetto di complicità, di unità di intenti. È determinante che ciascun calciatore pensi: «Io mi metto a disposizione di tutti», e non «Voglio tutti a mia disposizione». Io ho sempre privilegiato questi concetti ed ho fatto in modo che le mie squadre li acquisissero sin dall'82, quando ho cominciato la mia carriera di allenatore. Ecco la mia grandissima soddisfazione: essere arrivato, quasi a fine carriera – e non alla fine, perché ho intenzione di continuare il mio mestiere – a vincere i Mondiali tenendo ferma la mia strategia, che è stata sempre quella di costruire una squadra affiatata, affratellata, con lo stesso intento. Ho avuto dei giocatori fantastici che hanno compreso, esaltato ed oggettivato il concetto di «gruppo». Noi abbiamo vinto i Mondiali come squadra. Abbiamo avuto dei grandi giocatori che, tutti insieme, hanno affrontato le squadre più grandi del mondo ed hanno vinto. Tutti insieme hanno voluto la Coppa del Mondo. E questa è la mia più grande soddisfazione, l'esaltazione del gruppo, della squadra. Vincere i Mondiali è la cosa più bella che possa capitare ad un calciatore, ad un allenatore, indossando la maglia della propria Nazione. Allora di fronte ad una tale conquista, tutte le storie che giravano durante gli ultimi mesi dei Mondiali – quello canta l'Inno, quello no – diventano cose puerili. Per esempio quando suonavano l'Inno, io non lo cantavo ma sorridevo... e sorridevo, sa perché?

ROSA ALBERONI   *Ho una ipotesi, ma è meglio che mi riveli lei il perché.*

MARCELLO LIPPI   Io pensavo, adesso la telecamera mi inquadra e molti commenteranno: «Lippi non canta l'Inno, quindi non gliene importa nulla del proprio Paese». Mentre io mi dicevo: «Se la gente sapesse cosa sta passando ora dentro di me, nel cuore, nel cervello, il maremoto che sta avvenendo in me, capirebbe perché non canto». L'emozione mi blocca l'ugola, mi fa tremare il mento, allora ritengo che sia meglio evitare situazioni imbarazzanti per un allenatore. Le supposizioni di chi mi guardava... pazienza!

ROSA ALBERONI *Però per chi sta a casa, davanti alla Tv, non fa effetto che l'allenatore non canti, ma che la squadra non canti l'Inno quello sì, sconcerta. Dalla squadra se l'aspetta, anzi lo pretende. È uno strano meccanismo mentale che si mette in moto, è una identificazione dello spettatore con la squadra, anzi direi degli italiani, come se costituissero tutti insieme una immensa sconfinata squadra che gioca insieme agli undici che sono sul campo. E allora i milioni di spettatori, vedendo un giocatore che non canta, si domandano: «Quel calciatore non mi rappresenta, non gli importa dell'Italia, allora perché indossa la maglia della Nazionale, cioè la mia maglia?». Perché lo spettatore è a casa, ma è come se fosse lì, sul campo, incollato al calciatore, e lui al suo posto canterebbe. Infatti molti a casa lo fanno, non cantano solo quelli presenti nello stadio. E questo meccanismo è indelebile, perché l'attaccamento alla propria Patria, alla «terra dei padri», è ancestrale. L'appartenenza non si cancella con un discorso razionale, con un comando o una ideologia.*

MARCELLO LIPPI   Ha ragione. Tanto è vero che l'anno scorso, fra le tante proposte provenienti dalla FIFA, c'era anche quella di abolire gli Inni. Perché pensavano che abolendoli avrebbero eliminato le polemiche, messo a tacere quei tifosi maleducati che, quando sentono l'Inno dell'avversario, fischiano, insultano… insomma creano tensione nello stadio, e la situazione rischia di degenerare, di creare dei disordini. Chiesero anche il mio parere. Io dissi loro che quando si suona e canta l'Inno, si crea un momento di emozione talmente bello, talmente importante, che è proprio allora che i tifosi nello stadio e quelli a casa si aggregano alla squadra, è come dire «giochiamo insieme». Togliere gli Inni significa privare la gente di una simile emozione, significa distruggere l'empatia che si crea fra gli italiani e la Nazionale. Ed a pensarla così non ero il solo, visto che tutto il mondo ha rifiutato la proposta. E l'idea, infatti, è stata scartata. Sull'attaccamento al proprio Inno le porto una testimonianza. I miei amici di Viareggio mi raccontavano che, durante i Mondiali, si erano stabiliti dei riti anche nelle case, fra gruppi di amici. Ad ogni partita, si sedevano persino ognuno allo stesso posto che casualmente gli era toccato alla prima partita. E se a qualcuno la prima volta era capitato di sedersi a terra, si faceva tutti i campionati seduto per terra. E se la prima volta non aveva mangiato, non doveva mangiare neanche in seguito. E nessuno poteva aggregarsi man mano. Se il gruppo alla prima partita era composto di sette persone, restavano sempre quelle fino all'ultima partita. Sono gesti scaramantici, forse privi di senso, mi rendo conto, però è così. E quando in campo intonavano l'Inno italiano, tutti scattavano in piedi e cantavano a squarciagola insieme ai tifosi nello stadio, insieme ai calciatori. Ecco perché, come diceva lei, la gente si irrita quando un giocatore non canta l'Inno.

ROSA ALBERONI *La partita è un rito collettivo. Il calciatore che non canta si auto-esclude dall'unico, immenso corpo ideale formato dal popolo di ogni Nazione. È questo che avviene quando si seguono i Mondiali di calcio: per quel periodo il tifoso scopre la fratellanza, l'identità del proprio Paese. Si mettono da parte le ideologie, le appartenenze di ceto e si partecipa al «rito del gioco» che unisce i partecipanti rendendoli tutti «fedeli», quindi fratelli. I calciatori e l'allenatore diventano i «sacerdoti» del rito. Ecco perché i «fedeli» si aspettano che i celebranti siano impeccabili, cioè corretti, forti e coinvolti fisicamente ed emotivamente. Chi, invece, recita, prima o poi si smaschera, la telecamera è spietata, rivela tutto. Talvolta si può ingannare assumendo un ruolo, ma dura poco la finzione, perché nessuna persona può recitare sempre, ventiquattro ore al giorno, neanche un attore consumato.*

MARCELLO LIPPI Sull'impossibilità di recitare sempre che lei ha sottolineato, sa quante volte l'ho detto alla mia squadra? «Ragazzi, non si può recitare sempre, perché se un giorno reciti la parte che pensi possa andare bene per chi ti circonda in quel momento, e poi il giorno dopo fai un gesto sbagliato, scorretto, allora la gente che ti osserva si domanda: "Ma chi è costui? Quello corretto, sorridente che ho visto ieri? O quello iroso e maldestro che vedo adesso?". E la gente è portata a pensare che il giorno prima tu abbia bluffato, recitato. Voi dovete proporvi per come siete, per quel che fate e con la correttezza che la professione richiede. E quando sbagliate non potete cavarvela dicendo: "Ho scherzato" perché nessuno vi crederebbe.»

ROSA ALBERONI  *A Napoli c'è il detto: «Scherzando, scherzando si dice la verità», lo scherzo che elogia ben venga, ma quello che umilia no.*

MARCELLO LIPPI  È vero, lo scherzo cattivo nessuno dovrebbe permetterselo, e un campione ancora meno. Infatti dicevo ai giocatori: «Campioni si diventa con il corpo, con il cuore e con la mente. Fatelo, introiettate il vostro mestiere di campioni, e tutto andrà per il verso giusto. È vero che ciascuno è quel che è, ma è altrettanto vero che ciascuno è quel che è voluto diventare». Perché sono convinto che se uno pensa di avere subìto un torto da qualcuno, sia meglio dirglielo, affrontarlo, piuttosto che ricorrere allo scherzo che umilia. È un atto di viltà che manifesta la propria aggressività.

ROSA ALBERONI  *I gesti contano quanto le parole, più delle parole. Ecco perché mi sono permessa di sottoli-*

*neare la pretesa che un popolo ha verso i propri cam-*
*pioni, quando si vanno a toccare dei simboli come l'In-*
*no. Ciascuno è convinto che se il calciatore non canta,*
*non crede nel profondo di appartenere al proprio Pae-*
*se. E questo lo pretende ancora di più da uno straniero*
*divenuto italiano, perché ha scelto la cittadinanza ita-*
*liana e, quindi, deve comportarsi da italiano.*

MARCELLO LIPPI   Sono d'accordo. Per questo ritengo
giusto che i popoli pretendano dai calciatori, che li
rappresentano, esultanza, gioia. Altrimenti il calciatore ha sbagliato mestiere. I calciatori partecipano
emotivamente, glielo assicuro, sono i protagonisti
della pièce, e quindi sono coinvolti e responsabili. E,
forse, proprio per questo il pubblico ha per loro una
sorta di adorazione.

ROSA ALBERONI   *Però gli italiani adorano soprattutto*
*la bandiera, i colori della maglia dei giocatori, l'italia-*
*nità – e gli altri popoli la francesità, la germanità ecc.*
*– e vogliono bene ai giocatori come se fossero dei fra-*
*telli carnali.*

MARCELLO LIPPI   È vero, nessuna gara come le partite
dei Mondiali risvegliano il patriottismo. Non è un caso che le seguano non solo i tifosi della domenica, ma
quasi tutti gli italiani. E in quei giorni si manifesta il
senso di appartenenza, che talvolta crediamo, a torto,
svanito, ingoiato dalla globalizzazione. «Gli italiani
indifferenti», tutte chiacchiere! Nessuno sport fa

emergere l'aggregazione, l'amor di Patria di un popolo come il calcio. È una cosa incredibile. E noi durante la gara l'abbiamo toccato con mano. È stato davvero fantastico, emozionante vedere i giovani, i bambini, gli adulti, che riescono a seguire la squadra nella città in cui gioca, portare in modo festoso i colori della nostra bandiera sul corpo, sui capelli, sui vestiti, soprattutto l'azzurro. Non a caso chiamano i calciatori della Nazionale «gli azzurri». Non parliamo degli italiani all'estero: erano al settimo cielo. Poter tifare per l'Italia gli dava commozione. Per noi è stato più appariscente il senso di appartenenza – e di gratitudine per aver portato a casa la Coppa dei Mondiali – nella festa che ci è stata tributata a Roma. Noi «azzurri» abbiamo attraversato le vie di Roma per arrivare al Circo Massimo in mezzo ad una fiumana di persone, di tutte le età, che avevano stampato sul volto la gratitudine per averli fatti vincere. Perché la squadra sapeva benissimo di aver vinto non tanto per sé, ma per gli italiani. E gli italiani ci ringraziavano. È stata una serata commovente ed indimenticabile.

ROSA ALBERONI *Però, a lei come allenatore, quella emozione, la gratitudine degli italiani, non è stata regalata, l'ha guadagnata sul campo. Per ottenerla vi ha dedicato la vita.*

MARCELLO LIPPI Comunque sono stato fortunato, perché nella vita ho fatto quel che mi piaceva fare sin da ragazzino.

ROSA ALBERONI   *Non sia modesto.*

MARCELLO LIPPI   No no, io detesto la falsa modestia. Non si arriva ad una professione per caso, devi guadagnartela. Allora dico con serenità: ho dedicato la mia vita al calcio, e la fortuna mi ha dato una mano.

ROSA ALBERONI   *La fortuna non è cieca. La fortuna è come il Signore della* Parabola dei talenti, *dà a chi merita. Sarà una mia convinzione.*

MARCELLO LIPPI   Probabilmente sarà così. Io, comunque, non ho solo giocato a calcio come desideravo, ma ho anche realizzato il sogno della mia vita. Ho sempre sognato di costruire una vera squadra. Certo, ho faticato per riuscirci, non ci sono dubbi. Ma il bello, la magia sta nel riuscirci. Mentre, come calciatore, ho fatto una carriera modesta.

ROSA ALBERONI   *Perché?*

MARCELLO LIPPI   Perché? Sa che non ci ho mai pensato veramente? Ora che me lo chiede, e ripercorrendo la mia vita, ne deduco che fin dall'inizio ero più interessato a fare l'allenatore che il giocatore. Come le ho detto, ho incominciato subito a dedicarmi a dei corsi, a studiare, a seguire la mia vocazione. E così ho fatto volentieri tutta la mia carriera partendo dal basso. Ho allenato in varie categorie, C1, C2, Serie B, il Cesena, poi l'Atalanta, il Napoli ecc. prima di approdare alla Juventus, ad una grande squadra. E, prima di allenare la Juventus, non avevo mai vinto uno scudetto. Alla Juventus sono giunto nel 1994. Appena arrivato ho detto ai miei calciatori: «Ragazzi, io non ho mai vinto un tubo, adesso voglio vincere, mettetevelo bene in testa». E quando vincemmo a Parma e scavalcammo tutti in classifica, tornai alla carica: «Ragazzi, questa volta dobbiamo vincere lo Scudetto, e se non ce la mettete tutta, io vi torturerò per tutti gli anni a venire, vi renderò la vita impossibile. Lo Scudetto lo voglio, perché abbiamo lavorato, ce lo siamo guadagnato, non possiamo farcelo sfuggire per una distrazione». Poi cambiavo tattica – il bastone e la carota – l'avrà usata anche lei all'Università con i suoi studenti?

ROSA ALBERONI  *Ci può giurare, sempre. Talvolta più bastone, talvolta tante carote, è una regola antica. E funziona ancora!*

MARCELLO LIPPI  Perciò è diventata antica.

ROSA ALBERONI  *Proprio così, ciò che conta non passa mai di moda.*

MARCELLO LIPPI  Spesso, nei miei discorsi alla squadra, sono ricorso all'immagine che ho usato anche per i Mondiali: «Siamo seduti attorno ad una tavola imbandita, dove c'è lo Scudetto, la Coppa ecc. Però intorno al tavolo non siamo soli, ci sono anche gli altri, che vogliono la stessa pietanza. Chi vincerà? Semplice, vincerà chi avrà più fame. Chi ha più fame, mangia». Questo discorso lo facevo anche alla squadra della Juventus. E infatti andavamo in campo con una voglia di vincere sconfinata. E si vinse il Campionato, la Coppa Italia, arrivammo in finale anche nella Coppa UEFA. Poi l'anno dopo c'erano da gestire le vittorie conquistate. Sembra facile, ma non lo è. È proprio quando hai vinto molto che arriva il difficile. Allora andavo da loro e dicevo: «L'anno scorso dicevamo tutti che avevamo una gran fame. Adesso che abbiamo la pancia piena, la pietanza non ci alletta. Allora non cominciamo neanche. Stiamocene a casa. E invece no, dobbiamo dimostrare che le vittorie dell'anno scorso non sono casuali, dobbiamo dimostrare a noi stessi che ce le siamo meritate. Dobbiamo dimostrarlo soprattutto agli avversari. Gli avversari sono invidiosi, e non gli sta bene veder vincere sempre gli altri. Si organizzeranno per la loro vittoria, è naturale. Così noi l'anno scorso abbiamo dato il cento per cento per vincere, per quest'anno non sarà sufficiente. Per vincere dobbiamo dare il centodieci, centoventi. E, vincendo, dimostreremo che ne siamo stati degni anche l'anno scorso, che siamo dei campioni. Dobbiamo dare alla vittoria passata un significato emblematico, inattaccabile. Perché sconfiggere l'avversario una volta può anche essere visto come frutto della casualità, di un periodo fortunato. Ma vincere la seconda volta, devono riconoscere che è stata tutta farina del nostro sacco. Vincere poi la terza o la quarta volta, allora sì che diventa fantastico!». E bisogna trovarsi, inventarsi delle motivazioni altrettanto fantastiche.

ROSA ALBERONI *Una delle motivazioni forti si materializza nel cambio di alcuni giocatori, o mi sbaglio?*

MARCELLO LIPPI Cambiare tre, quattro giocatori è vitale quando la stessa squadra ha vinto quasi tutto. Cambiando, prendevamo giocatori dello stesso livello o migliori. Ma quelli che restavano, me li tenevo a fianco dicendogli: «Guardate che voi che restate siete lo zoccolo duro, siete cioè quelli che dovete aiutarmi a motivare anche i nuovi arrivati, a spiegargli cosa significa allenarsi per vincere». Lo zoccolo duro era costituito da quelli molto bravi ma meno famosi, meno celebrati. Erano loro che mi aiutavano a far capire ai nuovi, anche a quelli celebrati, che cosa significava giocare per la Juventus, che cosa occorre per vincere, cosa significa allenarsi. Per esempio, Di Livio, bravissimo, che nella Juventus aveva vinto due Campionati, una Coppa Campioni, una Coppa del Mondo, vedendo uno che non si allenava volentieri, lo spronava, tallonava gli altri, faceva la voce grossa: «Che fai! Qui non ci si ferma!». E il nuovo arrivato si diceva: «Questo qui, che ha vinto tutto quello che c'era da vincere, ed ha ancora una gran voglia di allenarsi così, qualche motivo l'avrà».

ROSA ALBERONI   *Mister Lippi, è vero che ogni squadra ha una sua etica, una sorta di «Tavola dei valori»?*

MARCELLO LIPPI   Certamente, ogni squadra ha una sua etica. La Tavola dei valori viene decisa, scritta dalla Società ed in parte dall'allenatore. L'etica riflette la serietà della società, l'atteggiamento dei proprietari nei confronti della squadra e del mondo esterno. Nelle grandi squadre come la Juventus, l'Inter, il Milan ecc. c'è una grande serietà, un grande rigore, una grande organizzazione, quindi nulla viene lasciato al caso. I calciatori, anche quelli che arrivano da varie parti del mondo, vengono messi in condizione di non avere nessun tipo di problema. La Società si occupa della sistemazione delle loro famiglie, le mogli, i figli, le scuole... c'è un'organizzazione talmente perfetta da dare alla squadra l'idea di costituire una grande famiglia. E quindi, a seconda dell'allenatore, alcuni valori cardine cambiano, gli altri invece restano invariati. Questo avviene nell'Inter, nel Milan, nella Juventus, lasciamo perdere le vicende degli ultimi mesi, i pettegolezzi, gli scandali.

ROSA ALBERONI   *A me non interessano i pettegolezzi, non sono un cronista ma una scrittrice. A me interessa conoscere il meccanismo del calcio, quello che muove i calciatori, le squadre, entrare nei meandri della psicologia che forgia i giocatori e li orienta verso la meta. Soffermiamoci sulla Juventus, la prima grande squadra*

43

*che ha allenato. La famiglia Agnelli quanto influiva sulle sue strategie?*

MARCELLO LIPPI   Sull'etica della squadra influiva con il proprio stile, i suoi valori. E in qualche modo influiva anche su di me. Mi stavano vicino, s'informavano. Io ho avuto rapporti ottimi prima con l'avvocato Gianni e poi con il dottor Umberto. L'avvocato era una persona che si prendeva cura dei suoi, faceva sentire la sua vicinanza. Sa quante volte mi ha telefonato alle sette del mattino per dirmi: «Legga sul *Corriere della Sera* l'articolo del professor Alberoni, vedrà, le sarà utile». E questo non lo dico per piaggeria nei confronti di Francesco Alberoni, ma per testimoniare la delicatezza che l'avvocato Agnelli aveva anche nel dare dei suggerimenti. E nel contempo mi dava un messaggio: era un modo per dirmi che mi seguiva con il pensiero, che teneva molto alla squadra. L'avvocato aveva la capacità di gratificare tutte le persone che lavoravano nelle sue aziende. La qualità delle persone la si vede proprio in questo, nell'atteggiamento, nei comportamenti. Aveva la capacità di far sentire tutti importanti, tutti indispensabili per raggiungere determinati risultati, la meta, ciascuno nella sua specializzazione, ciascuno svolgendo il proprio compito. E tutti percepivamo l'atmosfera della famiglia, i valori, lo stile di vita, erano nell'aria. L'avvocato, quando veniva a trovarci allo stadio, prima si fermava a salutare il magazziniere, il calzolaio, quello che pulisce il campo da gioco, chiacchierava con loro, s'informava delle loro famiglie. E poi veniva a salutare la squadra. Con me parlava spesso, di tutto, di barche – visto che amo il mare – di belle donne, di tutto. Gli piaceva raccontare i ricordi, soprattutto quelli legati ai luoghi dove avevo vissuto anch'io. Sapendo che avevo allenato il Napoli, mi parlava di fatti ed avvenimenti vissuti in prima persona nella città di Napoli. Era uno dei suoi tanti modi per creare una sorta di complicità con me, per conoscermi. Era una persona speciale, di una bontà, di una umanità straordinarie. È stato un bellissimo periodo. Anche il modo con cui mi ha salutato prima di andarsene, mi ha commosso. Mi ha chiamato a casa sua, mi ha ricevuto seduto in poltrona, sorridente. Non ha parlato della sua malattia. Si è messo a rievocare tutti i nostri successi, le giornate trascorse insieme. Mentre mi congedavo, sempre con un sorriso dolcissimo, mi ha detto: «Si ricorda, Lippi, di quella partita bellissima che abbiamo vinto?». È stato il suo modo di salutarmi, di ringraziarmi… un gesto nobile. Anche il dottor Umberto Agnelli, con cui ho trascorso il periodo più lungo, era una persona speciale, dolce, affettuosa, intelligente. Peccato che non abbia avuto il tempo di dimostrare quanto valesse anche come Presidente della Fiat. L'altra cosa bella dei fratelli Agnelli, è questa: quando si interessava uno della squadra, l'altro non interferiva, per rispetto. Era uno dei tanti modi per dimostrare ai propri collaboratori i valori di Casa Agnelli.

***

ROSA ALBERONI   *Se nelle squadre le regole e l'etica le stabiliscono i proprietari o i dirigenti, nella Nazionale chi le stabilisce?*

MARCELLO LIPPI   Lì è diverso. La Nazionale non ha un unico proprietario, è la squadra di tutti. Direi che comunque l'impronta e la volontà le trasmette l'allenatore supportato dal proprio staff di collaboratori. Per questo, quando sono arrivato alla Nazionale, ho voluto scegliermeli personalmente, ho puntato i piedi. Occorre saper scegliere e avere il coraggio di fare le scelte giuste. Il Commissario Tecnico della Nazionale deve essere una guida competente e forte, non solo per il calciatore, al quale deve trasmettere la sensazione di poterlo condurre al raggiungimento di un dato obiettivo, ma anche per lo staff. Staff e giocatori devono avere uno spirito comune. Lo staff è il prolungamento dell'allenatore, deve rappresentarlo, rispecchiarlo degnamente.

ROSA ALBERONI   *L'allenatore della Nazionale è quindi un condottiero, nel senso più nobile del termine: colui che porta con sé, che conduce i suoi alla meta stabilita.*

MARCELLO LIPPI   In qualche modo sì. Le espongo il mio concetto di allenatore. L'allenatore deve essere una guida per il giocatore, forte caratterialmente, competente. Non è importante che sia simpatico. Deve dare la sensazione che saprà guidarlo a raggiungere un obiettivo. Io non credo all'allenatore che funge da padre di famiglia. Io ho sempre detto ai giocatori: «Io ce l'ho la famiglia, ho due figli, ho anche dei nipoti, e voi avete un padre e una madre. È chiaro che non voglio essere per voi un padre. Per me, ciò che conta è che fra noi si crei un rapporto di fiducia, di stima. Certo, se voi volete venirmi a raccontare un vostro problema, perché vi possa dare una mano a risolverlo, io sono felicissimo». La fiducia l'allenatore se la conquista con l'atteggiamento, non con le parole. Se la conquista trattando tutti alla stessa maniera. Facendoli sentire tutti importanti, perché nell'arco dell'annata c'è bisogno di tutti. Sa quanti allenatori ho visto che, per non urtare la suscettibilità dei grandi campioni, quando si arrabbiavano se la prendevano con uno poco importante: «Testa di cavolo, avresti dovuto far questo!». E quello che veniva rimproverato, quello che fungeva da parafulmine, capiva benissimo che il bersaglio era un altro, e dentro di sé si arrabbiava. È facile agire così, ma si ottengono dei pessimi risultati. Io non l'ho mai fatto. Se dovevo rimproverare qualcuno lo facevo davanti a tutti, e in presenza di chi aveva sbagliato. E lo facevo con tutti, grandi o meno grandi campioni, per me era lo stesso. Questo comportamento è apprezzato dai calciatori, perché fa sentire importanti anche quelli che lo sono meno. Per me il rapporto deve essere schietto, le cose che non vanno bisogna dirsele in faccia. La totalità dei consensi non ce l'ha neanche il Papa, perciò figuriamoci se posso averla io! Ho sempre detto loro: «Se non siete d'accordo sulla mia tattica, sulla mia strategia lo dite, poi mi spiegate perché non siete d'accordo. Ci confrontiamo, perché può anche darsi che io non mi sia spiegato bene, oppure che voi non abbiate capito». E così io ho sempre detto quello che pensavo davanti a tutti, e in faccia a tutti.

ROSA ALBERONI  *Lo stesso comportamento lo pretendeva anche da parte dei calciatori?*

MARCELLO LIPPI  Certo, perché non dovevano sfuggire alle proprie responsabilità. Perché quando uno viene attaccato dai media, potrebbe trovare una facile scappatoia, dicendo: «Non mi hanno servito bene, non mi hanno passato la palla...». «È facile incolpare gli altri», dicevo io, «ma non è così che sono andate le cose. Se noi vinciamo o perdiamo è merito o colpa di tutti. Perciò tu non puoi scusarti agli occhi del pubblico accusando i tuoi compagni. Se non te l'hanno passata, vuol dire che non potevano, oppure hanno bisogno di una mano, e tu devi lavorare un po' di più.» Noi avevamo la nostra stanza – la chiamavano il *refugium peccatorum* – dove ci riunivamo, visionavamo i filmati ecc. Quando li convocavo in quella stanza, i calciatori già sapevano che c'era qualcosa di serio da affrontare. Comunque io ho constatato che dire tutto in presenza di tutta la squadra, è sempre molto apprezzato dai giocatori.

ROSA ALBERONI  *Ma qualche volta avrà parlato a tu per tu con qualche giocatore.*

MARCELLO LIPPI   Sì, certo, mi è capitato di parlare con alcuni a tu per tu. Ma non di questioni tecniche. L'ho sempre fatto quando mi accorgevo che un giocatore stava vivendo dei momenti particolari nella vita privata. Oppure quando si trovava in un periodo in cui riceveva tanti elogi che, sembrerà strano, sono molto più difficili da gestire delle critiche. La critica ferisce, ma porta il calciatore a dare qualcosa di più, l'elogio gratifica, ma porta al rilassamento. E allora ho sempre cercato di ricordargli come se lo era procurato quel bel periodo, quanti sacrifici aveva fatto, quanto impegno aveva messo, e doveva continuare a mettere, perché basta poco per tornare nella polvere. Se invece mi accorgo che uno sta attraversando un periodo difficile a livello affettivo, cerco di capire le ragioni. Mi sono prodigato per avere un buon dialogo soprattutto con i più giovani, per fargli comprendere che proprio perché giovani, quindi inesperti, avrebbero potuto commettere degli errori nella vita quotidiana. Spesso ho detto loro che dovevano essere allegri, dovevano ridere, perché venti anni si hanno una sola volta. In una squadra ho avuto un calciatore a cui piacevano molto le ragazze, e faceva un po' il lavativo. Allora gli ho detto: «Guarda che le ragazze piacciono anche agli altri, piacciono a tutti. Io capisco: se per caso incontri Claudia Schiffer e fai l'alba con lei, al mattino me lo dici, io ti abbraccio e ti mando a dormire. Per quel giorno ti esento dall'allenamento. Però uscire dal seminato non può diventare una abitudine». L'approccio comunque è sempre amichevole, perché non sono dei militari, ma dei professionisti. Mi è capitato anche che qualcuno abbia provato a cercare un privilegio o una protezione, quindi a indurmi a cambiare atteggiamento, quando per esempio aveva commesso un errore – tipo giustificarsi con un giornalista, giocando a scaricabarile – io non ho mai abboccato. Con il sorriso gli dicevo: «L'articolo su quel tale giornale l'hanno letto tutti, quindi è giusto commentarlo davanti a tutta la squadra». Questo per fargli entrare nella zucca che le cose nostre dovevamo risolverle fra noi. Dovevamo scoprire dove avevamo sbagliato e aiutarci a vicenda. Il calcio si gioca in undici, non è un incontro di pugilato. Il pugile prende i cazzotti da solo, e vince da solo.

ROSA ALBERONI  *Come fa un allenatore a capire le problematiche di ogni giocatore ed allo stesso tempo mantenere l'armonia nella squadra?*

MARCELLO LIPPI  Agendo come un direttore d'orchestra, è l'accostamento che mi viene più facile, visto che ha usato la parola «armonia». La buona musica si materializza, quando ciascuno suona bene il suo strumento e al momento giusto, altrimenti viene fuori un fracasso. Essere allenatore è una cosa molto complicata. Oltre all'esperienza ed a una competenza assodata, necessarie per guidare una squadra di Serie A o la Nazionale, l'allenatore deve avere anche delle intuizioni tecniche, che non sono scritte sui libri. Ma soprattutto deve avere la capacità di gestire gli uomini. La capacità si manifesta nel saper mettere in condizione ciascun calciatore, anche dal punto di vista psicologico, di dare il meglio di sé, il massimo delle sue possibilità. Le intuizioni tecniche sono essenziali, però non bastano. Esistono degli allenatori che, dal punto di vista tecnico, della metodologia, sono straordinari, hanno studiato tanti libri relativi alla professione che svolgono, e conoscono miliardi di esercitazioni. Però manca loro una qualità sostanziale: la facoltà di intuire che quel tal giocatore non ha le caratteristiche per interpretare il tipo di gioco voluto. Ed allora gli impongono una valanga di allenamenti, e il poveretto fa una fatica enorme per assimilare ed interpretare il tipo di gioco che gli viene richiesto. E poi in campo non rende. Ce ne sono, invece, degli altri che magari non hanno un bagaglio teorico così vasto, ma usano un metodo molto semplice, magari tradizionale, però sanno intuire che, quel tale giocatore, non ha le doti adatte al tipo di gioco che loro vorrebbero. Allora non glielo chiedono, gli trovano un ruolo più adatto alle sue caratteristiche. E quel tipo di gioco lo affidano ad un altro che è naturalmente portato. In questo modo sono avvantaggiati tutti: i calciatori, perché fanno ciò che sanno far bene, e gli allenatori che costruiscono la squadra che hanno in mente. L'allenatore, per me, è questo: intuizioni tecniche, metodologia e capacità di mettersi in sintonia con ciascun calciatore, affinché si metta al servizio di tutti, e tutti abbiano un unico scopo: essere coesi, affratellati e giocare con passione. Questo, a mio avviso, è il modo per stressarli meno ed ottenere dei risultati positivi.

ROSA ALBERONI  *Alberto Moravia diceva: «Narratori si nasce, scrittori si diventa». Anche per la sua professione dovrebbe valere lo stesso principio, vista l'importanza che lei dà all'intuizione. Allenatore si nasce e tecnico lo si diventa?*

MARCELLO LIPPI  Un allenatore, che ottiene degli ottimi risultati per anni, è soprattutto una guida. Partendo sempre da una base scientifico-tecnica e da una tattica sufficiente, la differenza sta nella capacità di guidare gli uomini e nelle intuizioni tecniche, e anche nella rapidità di applicarle e variarle, perché in ogni momento si può presentare una situazione nuova, un imprevisto. Io posso studiare metodologie scientifiche all'infinito, ma se poi mi manca l'intuizione necessaria per mettere in pratica ciò che ho studiato, e ciò che ho in mente di ottenere, non raggiungerò mai la meta che insieme alla squadra ho fissato. Allora l'equazione di Alberto Moravia va bene anche per gli allenatori: allenatori si diventa, guide si nasce.

ROSA ALBERONI  *Torniamo alla «guida». Personalmente ho capito, vedendo in campo i giocatori del Mondiale, che la sintonia alcuni la trovano cammin facendo. Camoranesi, per esempio, nelle prime partite non era in sintonia con la squadra, perdeva le occasio-*

*ni, aveva una faccia triste, insomma sembrava una nota stonata. Però mi sono detta: se Lippi lo tiene in campo, qualche motivo deve averlo. È così?*

MARCELLO LIPPI  È proprio così. Ero convinto delle sue qualità, però ho dovuto aspettare che le tirasse fuori. Ho atteso perché io, avendolo avuto nella Juventus, lo conoscevo molto bene. È uno che ha sempre avuto qualche problema di continuità di rendimento. E lui stesso se ne rendeva conto. E si crucciava, vista la posta in gioco. Mi diceva: «Mister, io faccio fatica, non ho mai giocato partite così ad alto livello, partite così importanti. Lei mi conosce, ogni tanto ho bisogno di scaricarmi, di fermarmi». «Non si può restare sempre uguali nella vita, bisogna crescere, perché se ad ogni incontro importante ritieni di non sapere giocare ad alto livello, resterai un giocatore medio. Ti ridimensioni da solo. Devi sforzarti.» «Ma non è giusto rischiare in questa occasione, io non riesco a ricambiare la fiducia che lei ha in me.» E qui tagliavo corto: «Metticela tutta, e poi vedremo».

ROSA ALBERONI  *Vedendolo in Tv, sembrava che fosse sempre di cattivo umore...*

MARCELLO LIPPI  ...e sa da cosa dipendeva? Era l'arrabbiatura con se stesso, con le proprie difficoltà. Si rendeva conto che non stava giocando tanto bene, e si arrabbiava con sé. E all'esterno dava la sensazione di insufficienza, di superficialità. La dava anche a me, però sapevo anche che era un atteggiamento bambinesco. L'atteggiamento bambinesco lo aveva anche negli allenamenti, alla vigilia di alcune partite faceva male, ed era furibondo. Poi, in campo, il giorno dopo giocava bene. Lui è argentino, ma la squadra argentina non l'ha chiamato, era deluso, così ha accettato la nazionalità italiana.

ROSA ALBERONI    *Questo l'avevo capito quando i media gli hanno fatto notare che non cantava l'Inno, e lui ha detto: «Non conosco neanche il mio». È stato un lapsus rivelatore. Il suo cuore era con l'Argentina, comprensibile, umano, però mi sono domandata: perché indossasse la maglia della nostra Nazionale. Un italiano al rimprovero avrebbe risposto: «Non ho imparato a memoria il mio Inno, scusatemi, corro ai ripari subito». Con i Mondiali gli italiani diventano suscettibili, la tolleranza non funziona quando si va a toccare un simbolo ancestrale. Infatti gli spettatori vedendo Buffon, Cannavaro, Gattuso ecc. capivano che stavano giocando soprattutto per noi che eravamo a casa, per gli italiani.*

MARCELLO LIPPI    Io capisco il sentimento del nostro popolo, e comprendo l'interpretazione che lei ha dato al comportamento di Camoranesi, è molto profonda, ha colto nel segno. Anch'io mi rendevo conto della cattiva immagine che dava di sé, ma ho voluto persistere nella mia intuizione. Non ho apprezzato la gaffe, ma ho apprezzato la sincerità del giocatore. Non ha finto, è stato schietto, non ha pensato a cosa avrebbe scatenato quell'affermazione. L'ha capito dopo. E alla fine dei Mondiali, mi ha ringraziato dicendomi: «Mister, indossando la maglia italiana, ho provato delle sensazioni che non avevo mai provato in vita mia. Le sono grato». E questo va a suo onore.

ROSA ALBERONI  *E Totti?*

MARCELLO LIPPI  Totti è un ragazzo molto semplice, molto umile per quanto possa sembrare strano. Sa quante volte mi ha confessato: «Io vorrei vivere la vita di un giocatore qualsiasi, ma non lo posso fare. Ovunque vada ho sempre gli occhi puntati addosso. Vorrei avere le responsabilità che ha un calciatore qualsiasi, e invece non me lo posso permettere. Da me si aspettano sempre il massimo». Questo discorso valeva per le partite di Campionato italiano, non per i Mondiali. Nei Mondiali sentiva la responsabilità e il privilegio come tutti i calciatori della squadra. Sapeva che doveva dare il massimo, non ha potuto dare quello che sa e può per l'infortunio che aveva subìto. Però si è impegnato molto nel recupero, ed io ho creduto tanto nel suo sforzo, dandogli grande fiducia. Totti era considerato molto importante anche dai suoi compagni, perché era l'unico giocatore che dava la sensazione di possedere una giocata tecnica capace di risolvere la partita. Ed era giusto che io ne tenessi conto. Sono riconoscente a tutti quelli che ho convocato, e poco importa che c'è stato chi ha giocato di più e chi di meno. Nel mio cuore do a tutti un grande abbraccio di gratitudine. E in particolare a chi ha avuto difficoltà dall'esterno, come Buffon e Cannavaro che hanno dimostrato un carattere, una personalità, una forza, straordinari. Infatti, erano entrambi sempre sorridenti, e in campo davano il massimo.

ROSA ALBERONI    *Hanno dimostrato di avere forza morale.*

MARCELLO LIPPI    La forza morale ce l'ha una persona che è in pace con se stessa, prima di tutto. Perché non si può avere una forza morale finta, recitata. Bisogna avere stima di se stessi, essere certi di non aver commesso nulla di immorale, di avere avuto sempre un comportamento onesto con tutti. È chiaro che loro hanno sentito in modo particolare la mia fiducia, gli sono stato vicino. A Buffon, che è un eterno ragazzone, piace scommettere su tutto, è un suo divertimento. Però è stato corretto, io l'ho saputo dopo, perché quando è stato proibito in Italia di scommettere sulle partite di campionato, ha smesso. E per divertimento scommetteva sulle partite estere. Cannavaro è stato criticato perché ha difeso delle persone della Juventus che erano nella bufera in quel momento. Lui le conosceva, con loro aveva avuto un buon rapporto, e gli sembrava giusto difenderle. In questo atteggiamento è prevalso l'uomo, non il giocatore. Questi due ragazzi sono stati attaccati in un modo indegno, vergognoso, ma hanno reagito dimostrando il loro carattere, raddoppiando le forze. Hanno dimostrato di avere una grande forza morale.

Capitolo secondo

# Tattica e strategia

ROSA ALBERONI  *La storia ci insegna che le grandi imprese, le grandi scoperte, in sostanza la civiltà, sono figlie degli idealisti ispirati. Cioè di quelli chiamati ad un compito straordinario e nuovo. Le faccio un esempio. Cristoforo Colombo diceva di sé, quando mendicava per ottenere le caravelle dalla regina Isabella: «Iddio ha fatto di me il messaggero di nuovi cieli e della nuova terra». Lo diceva e ci credeva anche, altrimenti non avrebbe avuto la forza di persistere nella richiesta per dieci anni. E la visione diventò realtà, perché scoprì l'America. E lei, che ha avuto tante esperienze prima di approdare come Commissario Tecnico alla Nazionale, quando sono cominciati i Mondiali, dentro di sé ha mai sentito un momento magico, ha pensato che ce l'avrebbe fatta a portare a casa la Coppa? Ha intravisto la meta nel suo animo?*

MARCELLO LIPPI  La meta l'ho vista, però non riguardava la conquista dei Campionati del Mondo. Il mio ideale, la mia meta, stavano nel riuscire a fare della

Nazionale «la squadra», non una squadra qualsiasi. Certo, che tutti avessero l'obiettivo di vincere i Mondiali, ma soprattutto fossero orgogliosi di fare parte della Nazionale. Perché, come ho già detto, tutti accusavano i nostri giocatori di non amare la Nazionale, contrariamente ai calciatori stranieri. E la gente comune ha sempre ragione, perché si attiene ai risultati. Se si perde sempre, qualche motivo ci deve essere, pensava. E non aveva torto. Nel passato anche i nostri calciatori erano stati fieri della propria Nazionale, nel 1982 vincemmo i Mondiali in Spagna. Poi l'orgoglio si è perso per strada, per svariate cause.

ROSA ALBERONI  *Me ne dica una.*

MARCELLO LIPPI  Non mi sento di giudicare gli altri.

ROSA ALBERONI  *Ma un giocatore che viene chiamato a far parte della squadra Nazionale, non vive la chiamata già come una conquista, un riconoscimento del suo valore?*

MARCELLO LIPPI  Giusta osservazione. I giocatori erano onorati e lo sono anche oggi. Essere chiamati è una meta ambita per ogni calciatore. Ma negli ultimi anni temevano il giudizio popolare che li accusava di disinteresse. Però erano accuse infondate.

ROSA ALBERONI  *Una convinzione popolare non nasce dal nulla. L'ha detto lei.*

MARCELLO LIPPI   I cattivi risultati avuti dopo l'82, la pubblicizzazione dei compensi percepiti da alcuni campioni avevano creato una brutta immagine dei calciatori. La gente diceva che pensavano solo alle proprie squadre, al guadagno, e che non volessero affrontare una gara così dura per paura di farsi male…

ROSA ALBERONI   …*di giocarsi le caviglie. Ma, insisto, l'essere chiamati nella Nazionale non è come vincere uno Scudetto?*

MARCELLO LIPPI   Certo, la chiamata è una meta ambita, e i giocatori la vivevano come tale. Ma la gente non riusciva a crederci. Quindi il primo obiettivo da raggiungere era quello di recuperare la fiducia degli italiani nella squadra. Questa era la prima meta. Io ho cominciato a vederla dopo qualche mese di lavoro, quando ho constatato l'entusiasmo con cui i ragazzi venivano al ritiro, a Coverciano, il loro modo festoso di stare insieme. A me dava la carica soprattutto una cosa: lei sa che ci sono gli anticipi, i posticipi nel campionato italiano, la domenica sera magari c'era stato l'incontro fra Milan e Inter oppure fra Milan e Juventus, i calciatori avevano finito di giocare alle undici di sera, e il mattino dopo erano convocati nel ritiro della Nazionale. Alcuni di loro la domenica sera si «erano picchiati come polpi», come si dice a Viareggio, perché ognuno aveva lottato per la propria squadra, e il giorno dopo erano a pranzo tutti insieme, milanisti, interisti, juventini. Ebbene, ci crede? Socializzavano in una maniera fantastica, si comportavano come amici fraterni. È stato allora che io ho cominciato a pensare che la meta fosse agguantabile. Nella loro voglia di stare volentieri insieme ho intravisto la possibilità di creare la Nazionale che sognavo. Una Nazionale che volesse dimostrare al mondo intero le proprie qualità, e il valore dei suoi calciatori, sia dal punto di vista umano, sia dal punto di vista tecnico. L'atmosfera era cambiata, eravamo sulla strada giusta.

ROSA ALBERONI    *Quando ha visto che i giocatori si sentivano un gruppo in cui ciascuno, senza egoismo, lottava per l'altro, ha avuto l'impressione di essere riuscito a creare non solo una squadra, ma anche una forte comunità morale?*

MARCELLO LIPPI    Sì, l'ho avuta dopo qualche mese di lavoro insieme. E gli effetti si vedevano anche sul campo. Che fosse diventata una squadra lo certificavano i frutti che man mano raccoglievamo: dall'ottobre 2004 non abbiamo mai perso. E il non perdere, il guadagnarsi i risultati ha accresciuto nei giocatori la certezza della propria forza. Sono sempre i risultati che fortificano il convincimento, è ovvio. Se perdi si fa presto ad avere dei dubbi. Invece crescendo la convinzione nelle proprie forze, vincendo una partita dopo l'altra, l'entusiasmo lievita. Noi, d'altra parte, abbiamo conquistato venticinque risultati consecutivi, tutti positivi.

ROSA ALBERONI   *Ricordo che in una partita la squadra avversaria aveva fatto subito goal, e lei ha detto ai suoi giocatori: «Non è successo niente».*

MARCELLO LIPPI   Era la partita con la Norvegia. Quella partita lì, era la prima in assoluto per la qualificazione ai Mondiali. Pronti, via! E dopo un minuto non ci becchiamo un goal? Ho detto: «Non è successo niente» per incoraggiarli, e comunque avevamo da giocare novanta minuti. Il goal all'inizio può funzionare da sprone, se invece arriva a pochi minuti dalla fine è un pessimo affare. E infatti quella partita l'abbiamo vinta 2 a 1. Tre giorni dopo, abbiamo vinto un'altra partita in Moldavia. E da allora abbiamo perso una sola partita, quella con la Slovenia, ma è stata l'ultima, poi non siamo più stati sconfitti.

ROSA ALBERONI   *Come li ha incoraggiati dopo la sconfitta con la Slovenia?*

MARCELLO LIPPI   Intanto avevamo vinto due partite, perciò quella sconfitta non pregiudicava il primo posto in classifica nel Girone, e in più non avevamo giocato male. Le partite si perdono per gli episodi più strani. Ho detto loro: «Non sta scritto da nessuna parte che non si perde mai. Noi dobbiamo continuare a prepararci per vincere sempre, però può succedere che qualcosa vada storto. L'importante è vedere dove si è sbagliato e rimediare la prossima volta».

ROSA ALBERONI    *Questo tipo di discorso di solito lei lo fa subito dopo la partita, quando vi trovate negli spogliatoi? Che succede ai giocatori dopo una sconfitta?*

MARCELLO LIPPI    Dopo una sconfitta non bisogna frastornarli con tante parole. I giocatori sono stanchi, ognuno è arrabbiato perché ha sbagliato. Perciò non bisogna parlare molto e neppure star lì a ricordare gli errori fatti, e chi li ha fatti. L'unica cosa utile è incoraggiarli. In quella occasione, li rassicurai, dicendogli di stare sereni: la sconfitta non era grave, nulla era stato compromesso, eravamo forti, eravamo primi in classifica. L'aver perso era soltanto un incidente di percorso. Ci saremmo preparati per vincere la prossima partita. E infatti tre giorni dopo vincemmo con la Bielorussia. Dopo non abbiamo più perso: tra amichevoli e qualificazioni e Mondiali, abbiamo giocato venticinque partite senza mai perdere.

ROSA ALBERONI    *Se qualcosa va storto, chi segue in televisione e vede che uno ha giocato male s'immagina che, nell'intervallo, il Mister gli dia una strigliata. Le è mai capitato di dare una bella strigliata ad un giocatore?*

MARCELLO LIPPI    Mi è capitato eccome! Tuttavia bisogna stare molto attenti a non eccedere. Io ho cercato sempre di capire perché i giocatori, in quella partita, non stavano facendo quello che io avevo chiesto di fare in campo. Se vedo che c'è un atteggiamento di superficialità, se mi rendo conto che i giocatori non hanno affrontato la partita nella maniera giusta, con il rispetto giusto degli avversari, allora mi arrabbio. Mi arrabbio e urlo. Una volta mi è capitato di prendere una bottiglia d'acqua e scagliarla contro il muro: «Che vi succede?! Cosa avete nella testa? State facendo tutto il contrario di quello che avevamo stabilito! Tirate fuori...».

ROSA ALBERONI   *...la forza morale, fate vedere che non avete la colonna vertebrale di burro...*

MARCELLO LIPPI   ...fra uomini, in questi casi, si usano altre parole, meno eleganti. Comunque, quando mi accorgo che nonostante ci sia tutta la buona volontà, l'impegno, gli avversari sono superiori, allora cambio tattica: «Ragazzi, non stiamo mica giocando contro il niente, questi sono forti. Allora cerchiamo di fare le cose giuste, rendiamoci conto che quello che abbiamo fatto finora non è sufficiente per vincere. Con questi avversari occorre cambiare». Così decido di spostare qualche giocatore in campo, ne sostituisco qualcuno... dipende dalle circostanze. A volte è necessario arrabbiarsi. Però devi capire quando è il momento di arrabbiarsi e quando l'arrabbiatura ottiene l'effetto contrario, perché deprime ancora di più i giocatori che magari sono convinti di dare il massimo. L'arrabbiatura dell'allenatore non sempre raggiunge lo scopo voluto. E non sempre è obiettiva. Talvolta nasconde gli errori dello stesso allenatore, che urla contro un calciatore, ma indirettamente sta rimproverando se stesso. Magari percepisce che ha sbagliato a mettere in campo un giocatore o l'ha messo al posto sbagliato: la formazione non è quella giusta. E se l'allenatore si arrabbia sempre, i giocatori hanno la sensazione che scarichi le responsabilità del cattivo andamento solo su di loro. Quindi, non sempre è redditizio arrabbiarsi.

ROSA ALBERONI  *Qualche volta le sarà capitato di andare verso gli spogliatoi con l'intento di rimproverarli, e poi entrando ha percepito di dover fare il contrario.*

MARCELLO LIPPI  Mi è successo, sì. Se non è il caso, lo capisci dall'espressione dei loro volti. Quando vedo i giocatori che sono lì come dei cucciolotti con le orecchie basse, dispiaciuti, amareggiati, allora se mi arrabbio ottiengo l'effetto contrario. Quando, invece, entrando sento che c'è qualcuno che alza la voce: «Non si può fare così! ma bisogna far questo, bisogna far quell'altro», per esperienza so che, chi parla, sta cercando di scaricare la responsabilità sulle spalle degli altri. E allora divento categorico. Gli ordino di mettersi a sedere: «Adesso parlo io, voi zitti, perché qui non c'è uno che ha fatto bene, e l'altro che ha fatto male. State facendo tutti male, state sbagliando tutti, probabilmente ho sbagliato anch'io. Riordiniamo le idee e ristrutturiamo le posizioni: tu giochi a destra, tu giochi a sinistra, tu ti fermi, gioca un altro perché mi serve un altro tipo di atteggiamento». Cambio qualcosa, perché i giocatori devono vedere che l'allenatore modifica il gioco, quando la partita prende una china sbagliata. Se si gioca male, se si perde e l'allenatore non cambia niente, i giocatori pensano che il Mister non abbia capito nulla della partita. L'allenatore deve rasserenare, ma anche far vedere che ristruttura la formazione per invertire l'andamento della partita.

*\*\**

ROSA ALBERONI *Torniamo alle grandi conquiste. A questo punto lei può affermare che sono il frutto del desiderio di comprendere ed agire, del sogno, della fatica, della flessibilità e dell'impegno costante?*

MARCELLO LIPPI Io sono un sognatore, un idealista, però sono anche fermamente convinto che una grande conquista non è mai dovuta alla casualità, ma è il frutto di una grande convinzione, di una strategia tecnica e psicologica. E nel mio mestiere, la cosa più delicata è quella di far introiettare il mio convincimento alla squadra, entrare in sintonia con i giocatori. Sono loro che vanno in campo. Lei non mi ha appena detto che la difficoltà più grande per Cristoforo Colombo è stata proprio quella di far partecipi i marinai della propria visione?

ROSA ALBERONI *Ah sì sì, della sua visione Colombo ha fatto una missione. E proprio come un missionario ha sopportato la derisione, ha rischiato l'accusa di ere-*

*sia, di tutto. E poi, durante la navigazione verso l'i-*
*gnoto, ha dovuto rincuorare i suoi marinai, sedare le*
*paure. Però, alla fine, c'è riuscito.*

MARCELLO LIPPI   Io penso che chiunque abbia un
progetto nella mente, non ha solo un progetto ma anche una finalità che si presenta come visione. Quando sono arrivato alla Nazionale, il mio compito, lo ribadisco, non era quello di costruire una squadra che
vincesse il Campionato del Mondo, ma quello di costruire la squadra della Nazionale che non avevamo
più. Fatto questo, dovevo convincere i giocatori che
erano forti e pronti ad andarselo a giocare il Campionato, contro le altre squadre del mondo, le più forti.
Poi abbiamo vinto il Girone di qualificazione, ci siamo qualificati per il Mondiale nel novembre del
2005. Ed a questo punto è sorto un problema: tra novembre e giugno si era venuto a creare un vuoto. E
non andava bene.

ROSA ALBERONI   *Perché?*

MARCELLO LIPPI   Perché cade la giusta tensione accumulata, la sintonia fra la squadra e l'allenatore. Allora sono corso ai ripari. Ho chiesto alla Federazione
di organizzare delle partite amichevoli con le squadre più forti del mondo, cioè Olanda, Brasile, Germania ecc. Sono riusciti a organizzarne solo due: una
con l'Olanda, e l'altra con la Germania. Queste due
partite sono state molto importanti. Vincendo 3 a 1,

ad Amsterdam, contro l'Olanda, i ragazzi hanno constatato la crescita della squadra, l'hanno toccata con mano, perché avevamo giocato con personalità, con autorità. Entrati in campo avevamo imposto il nostro gioco, quindi c'era una grande euforia. Comunque, prima di affrontare l'Olanda e la Germania, ho dovuto spiegare ai giocatori lo scopo delle amichevoli chieste da noi: «Ragazzi, noi adesso siamo diventati una squadra, però bisogna realisticamente dire che nel nostro Girone di qualificazione c'era la Moldavia, la Scozia, la Norvegia, la Slovenia. Siamo diventati una squadra, ci siamo qualificati, siamo stati bravi. Adesso però, se vogliamo mirare alla Coppa del Mondo, dobbiamo battere il Brasile, l'Argentina, la Germania, l'Olanda, la Francia, le squadre più forti». E li ho trovati pronti al confronto.

ROSA ALBERONI  *È vero che una conquista, una vittoria, si vede, si sente, si palpa, si gusta? Lei quando ha avuto la Coppa del Mondo fra le mani, ha provato queste sensazioni?*

MARCELLO LIPPI  Nel mio caso, parlando di vittoria, devo parlare di rapporto fra un gruppo di persone con il quale ho lavorato molti mesi, ed al quale ho cercato di trasmettere delle sensazioni, dei valori morali, tecnici e tattici. Certo, quando lavori per raggiungere un traguardo ambìto da tanti, e lo raggiungi, la vittoria si vede, si sente, si palpa e si gusta. Il gusto della vittoria può essere inebriante oppure dolce-amaro: si può gustare una vittoria, avendo giocato male, avendo subìto tutta la partita e, poi, vincere 1 a 0, perché sei stato fortunato. Questo tipo di vittoria non ha lo stesso sapore di quella assaporata quando abbiamo vinto in Olanda, dove abbiamo giocato con personalità per un'ora, abbiamo dominato l'avversario a casa sua, un avversario d'alto livello, davanti a sessantamila spettatori. E poi abbiamo battuto la Francia nella partita finale. È allora che la vittoria si gusta per davvero! È dolce, è inebriante. E ce la siamo gustata insieme, squadra e popolo italiano.

ROSA ALBERONI  *La vittoria si intuisce, si percepisce?*

MARCELLO LIPPI  Si intuisce, sì. L'intuizione si materializza quando vedi che i tuoi giocatori ti stanno seguendo, che credono in quello che gli dici, in quello che hanno fatto durante il percorso, che sono convinti di essere diventati forti. Si percepisce anche la paura della propria squadra, per esempio quando teme di non essere all'altezza di affrontare un avversario notoriamente forte.

ROSA ALBERONI  *Per percezione intendo anche una sorta di presentimento come quello che lei ha avuto quando ha mandato in campo Del Piero, sapendo dentro di sé che avrebbe segnato.*

MARCELLO LIPPI  Certo, c'è anche quel tipo di percezione. Del Piero – eravamo in semifinale contro la

Germania – io l'avevo osservato sin dall'inizio della partita. Lui aveva capito che non avrebbe giocato, e notavo anche che gli dispiaceva, pur senza acredine. Lui era là in panchina, seduto accanto al gruppo di quelli che avrebbero giocato, e parlava con questo, con quello, con l'altro, quasi come se dovesse giocare anche lui. E poi si era scaldato, seguiva la partita con intensità, con empatia. E quando l'ho fatto entrare in campo, sa cosa ho detto alla panchina? «Vedrete che Del Piero farà goal.» Io me lo sentivo, perché aveva partecipato con un'intensità talmente forte che non avrebbe non potuto creare una occasione propizia. E quando ha fatto goal, è venuto alla panchina guardandomi, come per dire: «Ecco, vedi! Non ti sei sbagliato». Certo, quando c'è sintonia, si intuiscono le sensazioni di chi lotta fianco a fianco con te. Allora l'immaginazione si collega alla percezione: vedi i tuoi giocatori, li scruti mentre si allenano, mentre si preparano, li guardi in faccia, vedi quello molto teso, vedi l'altro sereno... e in base anche a queste percezioni, scegli chi mandare in campo.

ROSA ALBERONI   *Anche quando si arriva ai calci di rigore, si affida alla percezione?*

MARCELLO LIPPI   I calci di rigore... sono un momento denso, emotivo. Lì sì che bisogna immaginare e percepire. Mi è capitato parecchie volte nella mia carriera di dover affrontare il dilemma della scelta: a chi li faccio tirare? Ai rigori, con la Juventus, abbiamo vinto una finale di Champions League nel 1996, contro l'Aiax. Avevamo giocato una bellissima partita e ci meritavamo di vincere sul campo, però si era pareggiato 1 a 1, quindi andammo ai calci di rigore. Appena l'arbitro ha fischiato, ho visto i giocatori venire tutti verso di me, guardandomi, come dire: «Io lo tiro, io lo tiro». Tutti volevano essere scelti, tutti erano pronti a tirare un rigore. Dalla loro convinzione ho intuito che avremmo vinto. E infatti abbiamo vinto. L'esatto contrario era successo nella finale contro il Milan, a Manchester, nel 2002. Avevamo fatto una grande fatica durante la partita, alla fine c'era sofferenza. Quando siamo arrivati ai rigori, ho guardato i ragazzi: nessuno veniva verso di me. Ma uno guardava verso la tribuna, un altro si guardava i piedi, un altro ancora osservava gli avversari, l'altro pensava a bere, non ce ne era uno che guardasse nella mia direzione. Li ho chiamati: «Ragazzi, bisogna batterli questi benedetti rigori, non si scappa. Altrimenti li tiro io. Devo tirarli io?». Ascoltavano muti e con lo sguardo vagolante. «Bene, decido io.» Decisi, ma non mi aspettavo nulla di buono. Infatti abbiamo perso, ne abbiamo sbagliati tre su cinque.

ROSA ALBERONI   *E ai Mondiali? Anche lì siamo andati ai calci di rigore.*

MARCELLO LIPPI   Ai Mondiali, quando è finita la partita, si è materializzata la scena del 1996. Fischia l'arbitro, tutti a guardarmi, come a dire: «Scegli me, scegli me». Ho scelto. Quando ho detto a Fabio Grosso: «Tu tiri il quinto». Lui: «Io il quinto?». «Sì, te sei l'uomo dell'ultimo minuto, perché hai fatto il rigore con l'Australia al novantaquattresimo minuto, hai fatto il goal alla Germania all'ultimo minuto, ed ora fai l'ultimo rigore. Ok?» «Ok.» C'era una grandissima convinzione di vincere, si percepiva dalla squadra, era nell'aria.

ROSA ALBERONI   *Dopo una tale esperienza, si riconosce nel termine «condottiero» che io trovo appropriato per lei?*

MARCELLO LIPPI   Io non voglio la celebrazione mia, vorrei che venisse fuori il lavoro fatto.

ROSA ALBERONI   *Ho intuito cosa desidera lei. Però vorrei conoscere la sua sensazione. I calciatori, visto che è riuscito a mettersi in sintonia con loro, a trascinarli dove voleva, l'hanno legittimata come condottiero?*

MARCELLO LIPPI   Credo di sì, anzi, sì. Devo essere sincero, si era stabilito un rapporto di grandissima fiducia, e loro lo percepivano. Ricordo di averglielo anche detto, a Coverciano, prima di partire per la Germania: «Fra di noi sta succedendo una cosa bellissima, io sento la fiducia che voi avete in me, e voi, sono convinto, percepite la mia fiducia in voi. È un evento straordi-

73

nario, è accaduto poche volte nella Nazionale, cerchiamo di farla fruttare questa magica situazione».

ROSA ALBERONI  *Ritengo che la legittimità non sia solo un fatto legale. Quella che le ha dato la FIFA è una investitura legale, ma la legittimità sostanziale è quella che le ha dato la squadra, l'insieme dei giocatori. Quella vale di più anche per lei, come avviene ad un politico quando gran parte del popolo lo vota?*

MARCELLO LIPPI  Certamente, quel tipo di legittimazione te la conquisti sul campo, come si suol dire. Comunque, nel nostro ambito, se sei stato scelto dalla Federazione avrai sempre il rispetto di tutti i giocatori, cosa che non avviene in politica. Tuttavia, per ottenere dei risultati, non dico per vincere, ma per uscire dai Mondiali a testa alta, è indispensabile che si crei fra allenatore e calciatori una profonda sintonia. È la sintonia uno dei segreti della vittoria. La sfida e la soddisfazione stanno proprio in questo: riuscire a crearla.

ROSA ALBERONI  *Lei ha dimostrato di essere una persona capace di evocare e indirizzare le emozioni di un gruppo verso uno scopo nobile. Ma ci sono anche coloro che fanno il contrario, che usano le emozioni e i sentimenti altrui per dominare. Cosa succederebbe nel mondo del calcio?*

MARCELLO LIPPI  Un disastro. C'è stata una figura nella mia carriera di calciatore che mi porto sempre dentro come modello, una persona che ho stimato tantissimo ed è Fulvio Bernardini. È stato un mio allenatore negli anni Settanta. Poi è diventato anche allenatore della Nazionale del '74. Era un uomo di grande cultura, laureato in economia e commercio. E nel calcio non è che ce ne siano tanti di laureati. Aveva una grande personalità, però l'ha esercitata senza annullare la personalità degli altri. Penso che sia una cosa difficilissima. Di uomini con una fortissima personalità ce ne sono tanti, ma rischiano sempre di annullare quella degli altri e di non raggiungere lo scopo prefissato. Quindi, l'obiettivo vero di un leader del calcio non è quello di avere un gruppo di burattini che facciano soltanto quello che lui chiede, ma un gruppo di uomini validi tecnicamente, che possano esprimere al massimo le loro potenzialità. E per far sì che questo accada, occorre che l'allenatore metta ciascun calciatore nella condizione di esprimere la propria personalità. La personalità dell'allenatore viene riconosciuta dai giocatori attraverso la quotidianità del rapporto: se lui li affascina e non li annienta, gli permettono di esprimerla, e ne sono contenti. È un equilibrio molto difficile da trovare, ma Bernardini ci riusciva.

\*\*\*

ROSA ALBERONI  *Io suppongo che il suo compito non si sia esaurito nel fare in modo che i giocatori si sentissero quasi una persona sola, con lo stesso volere, e incamminati verso una meta. Certo, già questo non è una conquista da poco. Tuttavia, io credo che abbia dovuto affrontare altre difficoltà. Me ne rivela qualcuna?*

MARCELLO LIPPI   Quella con i mass media. Nel calcio il Commissario Tecnico è solo contro tutti. E il rapporto con i media è la cosa più difficile da gestire, da che mondo è mondo. Infatti spesso mi hanno ricordato che non è mai esistito un allenatore della Nazionale che sia stato seguito con affetto, con simpatia. Ed è vero. Di solito quello che fai è tutto sbagliato, per loro devi vincere sempre. Se perdi una partita, profetizzano catastrofi per le successive. Le critiche e i consigli si sprecano. In realtà il giudizio dei media è viziato dal campanilismo: se mandi in campo un calciatore che viene da Milano, si arrabbiano quelli di Roma, se fai giocare quello di Roma si arrabbiano quelli di Torino, e viceversa. È tutta una strumentalizzazione.

ROSA ALBERONI   *La strumentalizzazione non avviene quindi solo in politica.*

MARCELLO LIPPI   Avviene ovunque. La partigianeria è un piacere che tutti esercitano e gustano senza limiti. Durante i Mondiali il compito più importante per un allenatore è questo: far capire ai giocatori che non si lascia condizionare dai media nella scelta della formazione della squadra da mandare in campo. Dimostrare che le pressioni non incidono, che la scelta, volta per volta, è il frutto solo ed esclusivamente delle sue convinzioni. Se l'allenatore dovesse seguire i consigli dei giornalisti, diventerebbe un burattino nelle loro mani, e seminerebbe il panico nella squadra. Le faccio un esempio. Io chiamo il giocatore che è stato criticato dalla stampa o dalla Tv e gli dico: «Ascolta, amico, tieni conto solo di quello che ti dico io. A me non me ne importa niente delle critiche, sono chiacchiere in libertà. Se ti ho scelto è perché sono convinto del tuo valore. E se la prossima volta decido di mandarti in campo, giochi nel modo che abbiamo stabilito». Comunque ho dovuto compiere un duplice sforzo: dare sicurezza ai giocatori, e impedire che il mondo esterno mi insinuasse un tarlo nel cervello. Non è semplice. A ridosso della finale, più mi assediavano più fortificavo, dentro di me e attorno alla squadra, una muraglia. Nelle ultime conferenze stampa non facevo sconti a nessuno.

ROSA ALBERONI *Il rapporto con i media è senza dubbio snervante, perché i giornalisti attuano un vero e proprio assedio. Questo tipo di ostacolo era chiaro a tutti. Vorrei invece sapere se ce ne sono stati di invisibili, più insidiosi, per esempio delle trappole che ha dovuto evitare quando ha convocato alcuni giocatori e non altri. Avrà ricevuto delle pressioni da parte dei vari Club, perché scegliesse uno o due dei loro giocatori perché gli faceva gioco.*

MARCELLO LIPPI Oppure il contrario, che non li chiamassi, per preservarli in vista delle partite della loro squadra. Ho posto così un altro paletto, molto importante per il mio lavoro. Per evitare questo tipo di trappole mi è stata utile la mia esperienza di allenatore presso squadre di vertice, come la Juventus e l'Inter. Conoscendo i problemi delle grandi squadre, ho parlato con ciascun allenatore, gli ho esposto il mio progetto ed ho stabilito con loro un piano: non avrei usato quei giocatori superimpegnati nelle partite amichevoli, a patto che si allenassero. Mentre per le qualificazioni non avrei guardato in faccia a nessuno, dovevo fare l'interesse della Nazionale. I patti sono stati chiari sin dal principio. E, mi creda, non ho mai avuto un problema, non ho mai ricevuto una telefonata da parte di nessuno affinché modificassi gli accordi presi, e neanche lamentele. Gli allenatori hanno un'etica che non violano. Le pressioni venivano dai giornali, dalle piazze, ciascuno premeva per il proprio idolo. Ho ignorato tutti. Una volta individuata una trentina di giocatori, li ho portati avanti per un anno e mezzo. È da questi che, poi, ho scelto i ventitré per i Mondiali. E non mi importava se magari qualcuno nella propria squadra, in quel periodo, aveva giocato male per motivi interni al Club. E infatti è successo che alcuni giocavano male nella loro squadra, la stampa li criticava. Poi erano chiamati in Nazionale, e la stampa criticava me perché li avevo convocati. Ma, regolarmente, quando venivano in Nazionale giocavano bene, e ne erano orgogliosi. È stato questo uno dei segreti che ha contribuito a creare la magia nella squadra: la fiducia reciproca, e la sfida verso l'esterno.

ROSA ALBERONI    *Lei per i giocatori criticati costituiva un approdo sicuro, un soccorritore che gli permetteva di smentire sul campo, anzi su un palcoscenico mondiale, le malelingue. È una bella soddisfazione. Se fossi stata al posto dei calciatori ne avrei approfittato anch'io. Peccato che sia un lavoro da maschi!*

MARCELLO LIPPI    Ha ragione, non a tutti viene data la possibilità di smentire in modo così plateale le malelingue.

ROSA ALBERONI    *Un'altra insidia che ha dribblato?*

MARCELLO LIPPI    Una, sola, ed è questa. Dopo la partita amichevole con l'Olanda, non siamo riusciti ad organizzarne altre. Con il Brasile sono nate delle difficoltà, e ci abbiamo rinunciato. Così non ho visto i calciatori per tre mesi e mezzo. Non è proprio il massimo per una squadra, anzi è un vuoto enorme. E c'erano alcuni che, durante quel lungo periodo, avevano perso un po' di condizione fisica. Per esempio Pirlo non stava giocando benissimo. Ma io, nell'amichevole con la Germania, ho convocato gli stessi. Anzi, ho messo in campo gli stessi giocatori che avevano battuto l'Olanda, infischiandomene di come avessero giocato nelle loro squadre. Ci siamo trovati a Coverciano il lunedì, ci siamo allenati e mercoledì abbiamo affrontato la Germania. In due giorni abbiamo preparato una partita così importante, ed erano tre mesi e mezzo che non ci vedevamo. Sa cosa ho detto, incontrandoli il lunedì dopo tanti mesi? «Ragazzi, ve lo ricordate il lavoro che abbiamo fatto la settimana scorsa per battere l'Olanda?» Mi guardavano attoniti, non capivano se stessi scherzando, oppure la memoria mi stesse facendo un brutto scherzo. «Mister, che vuol dire con questo discorso?» «Voglio dire che non me ne importa un accidenti se sono passati tre mesi e mezzo. Noi domani sera scendiamo in campo e facciamo le stesse cose che abbiamo fatto tre mesi e mezzo fa, come se avessimo giocato la settimana scorsa. Per noi non è cambiato niente, chiaro?» E infatti sono andati in campo pimpanti, vivaci, entusiasti, tutti, anche quelli che nei loro Club avevano giocato male. E così abbiamo battuto la Germania 4 a 1. Abbiamo fatto una partita splendida! E l'entusiasmo dei giocatori era alle stelle. È con quella vittoria che si è radicata in noi la convinzione che eravamo diventati una squadra forte. Una squadra che non aveva la presunzione di vincere il Mondiale, ma che se l'andasse a giocare con tutti, nessuno escluso, con determinazione. Ed è stato sempre lì che ho avuto la certezza che il lavoro fatto stava dando frutti abbondanti.

***

ROSA ALBERONI *Quando si raggiungono tali risultati, di solito si scopre il senso della grandezza di una impresa. Che cos'è per lei la grandezza?*

MARCELLO LIPPI   La grandezza è riuscire in un'impresa dopo aver lavorato tanto, avercela messa tutta... non riesco a darle significati che possano essere interpretati in maniera diversa. Per lei cos'è?

ROSA ALBERONI   *Per me è una visione sorta da fatica, impegno, vigilanza, intelligenza, flessibilità, sfida. Ma diventa reale, se nel profondo si percepisce che l'impossibile diventerà possibile. Non è una decisione razionale, si coglie nel fondo dell'animo. La grande opera è il prodotto, la materializzazione di una visione-veggenza, un'intuizione intelligente perseguita con tenacia.*

MARCELLO LIPPI   [Risata] Lei sta parlando di Alessandro Magno, di Michelangelo, di Giacomo Puccini, di Cristoforo Colombo. Io sono solo Marcello Lippi, un giocatore diventato allenatore.

ROSA ALBERONI   *Capisco, restare con i piedi per terra è saggio. Quando definisce «grande» un giocatore?*

MARCELLO LIPPI   Quando diventa determinante per la squadra, quando banalmente mette la sua grande forza al servizio degli altri. Perché bravi calciatori, dal punto di vista tecnico, ce ne sono tanti, e molto bravi. Però non saranno mai grandi, perché non si sono inseriti psicologicamente e nella maniera giusta nel contesto della squadra.

ROSA ALBERONI   *Non si inserisce psicologicamente nella squadra un calciatore che, in campo, usa solo la razionalità, la tecnica?*

MARCELLO LIPPI   È difficile che un giocatore giochi solo con la razionalità. A me piace fare una classificazione dei calciatori abbastanza selettiva. Sento e leggo troppo di frequente: «Quello lì è un fuoriclasse», «Quello è un campione». Secondo me, esistono quattro tipologie:
il buon giocatore
il grande giocatore
il campione
il fuoriclasse

ROSA ALBERONI   *Mi spiega la differenza?*

MARCELLO LIPPI   Il fuoriclasse è quello determinante per la sua squadra, è quello che ti fa vincere perché trascina tutti gli altri, coinvolge tutti. È quello più bravo di tutti. Ma è anche ammirato da tutti, perché è umile, perché è modesto, si mette a disposizione degli altri: quello è il fuoriclasse. Il campione è quello che ha le potenzialità del fuoriclasse, ma non lo diventerà mai, perché non è determinante per la sua squadra. Magari lo è per una partita o due, ma non è importante. Di giocatori bravi, ce ne sono tanti, ma il fuoriclasse è quello che stabilisce un rapporto tra i compagni, che si fa ben volere, che è forte e costante. Il fuoriclasse non è quello che fa il passaggio liftato, il colpo di tacco, quello che traduce la tecnica in spettacolo. È un atto di bravura, non lo metto in dubbio, ma non è da fuoriclasse. Cannavaro è stato determinante forse più di tutti gli altri nel nostro Mondiale. Lui è un fuoriclasse. Gattuso è stato commovente per lo spirito che infondeva negli altri, una persona generosa e un lottatore infaticabile. Anche lui è, a suo modo, un fuoriclasse.

ROSA ALBERONI *Cosa le ha detto Gattuso quando è venuto verso di lei con irruenza?*

MARCELLO LIPPI «Se vai via, ti ammazzo!» L'ha detto perché loro avevano capito che avrei lasciato la Nazionale.

ROSA ALBERONI *Oltre a Cannavaro, mi faccia un nome di un altro fuoriclasse che ha avuto in squadra nella sua carriera.*

MARCELLO LIPPI Zidane. Lo so, adesso è molto chiacchierato per il gravissimo errore commesso nell'ultima partita dei Mondiali, però resta un grandissimo giocatore, un fuoriclasse. Io l'ho avuto nella Juventus per quattro anni. Era sempre pronto a dare una mano al proprio compagno, portava gli altri ad emularlo con i comportamenti, non con la boria. Le faccio un esempio: quando un compagno di squadra perdeva la palla, lui ne prendeva il posto, rincorreva l'avversario fino alla bandierina per recuperare il pallone. Allora, nella mente del giocatore che aveva perso la palla scattava questo meccanismo: non sarò bravo come lui, però la prossima volta farò lo stesso anch'io. Magari non riuscirò a recuperarla come fa lui, ma ci provo. Io l'ho avuto per quattro anni, e si è dimostrato un ragazzo fantastico. Anche quando era con me, un paio di volte si è comportato in modo scorretto in campo: ha dato una volta una testata, e un'altra un cazzotto. Chissà cosa gli scattava nel cervello in quei momenti! Mi dispiace per lui, perché era l'ultima partita della sua carriera. Ha lasciato una brutta immagine di sé.

ROSA ALBERONI  *A proposito di brutta immagine: non crede che gli italiani, prima che arrivasse lei, non stimassero più la Nazionale per le troppe delusioni avute dai Mondiali precedenti? L'aggressività la scaricavano sui giocatori, ma le ragioni sostanziali erano i tanti smacchi subìti. Le brutte figure un popolo le vive come deturpazione della propria identità.*

MARCELLO LIPPI  È vero, è vero. Sanata la ferita il popolo dimentica, l'entusiasmo risorge, anzi erutta come un vulcano. E ce l'hanno dimostrato quando siamo ritornati a casa con la Coppa del Mondo. La loro gratitudine ci ha regalato un sogno bellissimo e indimenticabile.

ROSA ALBERONI  *Il popolo crede ai sogni, ai miracoli...*

MARCELLO LIPPI   …l'ho visto, e questa credenza è la parte sana dei popoli, la parte viva che dà speranza e fiducia. Se un popolo riesce a credere nell'impossibile, può uscire da qualsiasi situazione, anche la peggiore. Il sogno dà forza, proprio come è accaduto alla squadra.

ROSA ALBERONI   *Quando la squadra ha percepito che l'impossibile poteva diventare possibile?*

MARCELLO LIPPI   Dopo le partite amichevoli con l'Olanda e la Germania. È stato allora che si è fortificata la convinzione della propria forza, e quindi la possibilità di vincere. Non si va ai Mondiali solo per far bella figura. Si va per vincere. All'inizio non si dice per scaramanzia. Ma dopo la vittoria con l'Olanda e la Germania, io ho cominciato a dirlo: «Ragazzi abbiamo fatto tutto questo lavoro e tutti siamo contenti perché abbiamo raggiunto il primo traguardo. Però adesso puntiamo su quello vero, quello per cui siamo qui: andiamo a vincere. Non siamo inferiori a nessuno, quindi andiamo in campo a giocare per la vittoria».

ROSA ALBERONI   *Prima di arrivare alla certezza, ci saranno stati dei momenti…*

MARCELLO LIPPI   …di batticuore? Noi avevamo un Girone nel quale c'erano il Ghana, gli Stati Uniti e la Repubblica Ceca. Se fossimo arrivati secondi nel nostro Girone, avremmo incontrato il Brasile negli ottavi. Se invece fossimo arrivati primi, avremmo incontrato la Francia, era la nostra ipotesi. Poi, cosa non prevista, la Francia ha cominciato male il suo Girone. Così nella terza partita contro la Repubblica Ceca, se l'avessimo battuta, saremmo arrivati primi nel Girone, e questo ci avrebbe permesso di evitare il Brasile. Anche il Brasile stava giocando male, però in quel momento era riconosciuto da tutti, in tutto il mondo, come la squadra più forte. Chiunque avrebbe scommesso sulla vittoria del Brasile. Non era vero, il Brasile si è fatto fuori da solo, ma la credenza...

ROSA ALBERONI    ...*si vanifica solo con i risultati.*

MARCELLO LIPPI    E così è stato. Noi intanto abbiamo vinto la partita con la Repubblica Ceca, e poi ci sono capitate negli ottavi l'Australia, e l'Ucraina nei quarti. Così siamo arrivati in semifinale con la Germania. Con la Germania tutto poteva accadere. Giocavamo a casa loro. Ma noi eravamo carichi.

ROSA ALBERONI    *E i media finalmente vi osannavano.*

MARCELLO LIPPI    Hanno frastornato la gente e fatto incavolare noi. In Italia i media, anche quando non ci sono le partite, si sbizzarriscono nelle trasmissioni, sui giornali, vanno a briglia sciolta. L'Italia è l'unico Paese al mondo in cui ci sono quattro quotidiani sportivi, e ognuno di questi ha venticinque, trenta pagine dedicate alla gara più importante in quel dato momento.

ROSA ALBERONI  *Non converrebbe non leggerli?*

MARCELLO LIPPI  E invece devo almeno scorrerli. E sa perché? Non mi piace essere preso in giro. Se non leggo, non posso individuare quel tal giornalista, di cui la mattina ho letto delle stupidate scritte nei miei confronti, e che, quando vado in campo, mi viene incontro con il sorriso sulle labbra e dice: «Ciao, Marcello! Come stai?». Se non leggessi le sue menzogne, risponderei al saluto con cordialità. Però questo sarebbe un modo per dirgli: «Oh come sono contento delle balle che hai scritto!». E invece no! Siccome non mi piacciono gli ipocriti, gli rispondo: «Che fai, testa di cavolo? Hai il coraggio di salutarmi dopo quello che hai scritto su di me». Per questo motivo, ogni mattina alle 8, so già cosa hanno scritto tutti i giornali sul mio conto, sul mio lavoro, sulla mia squadra. Sapesse quante volte quelli che avevano la coscienza sporca, magari alle 9 mi hanno telefonato con il solito rituale: «Ciao Marcello! Come stai?». E io: «Come stai un corno! Dimmi perché t'inventi tutte quelle balle?».

\*\*\*

ROSA ALBERONI  *Torniamo al suo rapporto con la squadra. Quali sono le virtù che i giocatori si aspettano da lei?*

MARCELLO LIPPI  Una volta stabilito dal punto di vista tecnico come giocare, i ragazzi si aspettano che io li difenda sempre, in qualsiasi circostanza e ovunque. Che non mi lasci condizionare da chi fa le campagne contro Tizio o Caio, che vada dritto per la mia strada con fermezza, con convinzione.

ROSA ALBERONI  *E la sincerità, se l'aspettano?*

MARCELLO LIPPI  Sì, è determinante anche perché io la chiedo a loro sempre. Fin dai primi colloqui, ho sempre detto ai giocatori: «Ragazzi, per me una delle cose più importanti è la sincerità. Noi dobbiamo dirci tutto, altrimenti è inutile che io vi parli. Se qualcuno non è convinto di quello che dispongo, deve dirmelo. Non serve stare zitti, fare finta di essere d'accordo, e poi magari andando via qualcuno si arrovella pensando: "Il Mister ha sbagliato a dire così, a decidere cosà". Se c'è qualcosa che non vi quadra, è meglio dirlo subito, preferisco la sincerità. Se non siete d'accordo su qualcosa, me lo dite spiegandomi anche il perché. Nei rapporti umani si può fare anche a cazzotti, una volta, si fa a cazzotti, però dopo ci si chiarisce, e si continua a lavorare. Senza la sincerità in un rapporto di lavoro non si costruisce niente di importante».

ROSA ALBERONI  *Un'altra virtù che tutti si aspettano da un leader, sia egli un politico o un imprenditore, è l'obiettività…*

MARCELLO LIPPI   ...anche i calciatori se l'aspettano dall'allenatore. Si aspettano una logica di comportamento da chi li guida.

ROSA ALBERONI   *E la forza morale?*

MARCELLO LIPPI   La forza morale in astratto tutti l'abbiamo. Ma quando ti capita sulla testa una tegola, allora è quello il momento di verificare se davvero ce l'hai. Quando la bufera «calciopoli» mi ha investito, sebbene io non c'entrassi niente – però la stampa ci dava dentro, dicendo che né Cannavaro, né Buffon avrebbero dovuto giocare, ed io avrei dovuto lasciare la Nazionale – la voglia di mandare tutto al diavolo mi è venuta. Ma il senso di responsabilità verso la squadra, che avevo preparato con tanta cura, mi ha indotto a decidere di restare. Ho parlato con mia moglie, ho voluto condividere con lei le mie intenzioni: «Senti, io non ho assolutamente intenzione di abbandonare la Nazionale a metà del guado. Io voglio fare il Mondiale, me lo sono guadagnato insieme alla mia squadra, quindi lo faccio nonostante il gioco al massacro che è in atto. Io adesso raccolgo tutta la mia forza interiore, la raccolgo tutta insieme per cercare di non perdere la tranquillità, perché io non posso permettermi di trasmettere nervosismo ed insicurezza alla squadra. Nel cuore ho sofferenza, ma non devo farla trasparire. Non sarà facile. Però io raccolgo tutta la forza interiore di cui sono capace e vado avanti, nonostante i giornali che tutti i giorni continueranno a martellare. Io farò il Mondiale. Con la squadra cercheremo di dare il meglio. Poi, qualunque sarà il risultato, alla fine io saluto tutti e torno a casa, perché si stanno comportando in modo vergognoso».

ROSA ALBERONI  *E la Federazione come si è comportata con lei?*

MARCELLO LIPPI  Bene. Mi invitavano a non dar retta agli sciacalli, a non dargliela vinta. Però dopo aver parlato con mia moglie, anche alla Federazione ho detto: «State tranquilli, io non mi faccio condizionare, continuerò a fare il mio lavoro, alla squadra trasmetterò sicurezza e serenità in ogni momento. Però alla fine del Mondiale vi saluterò e ringrazierò». E così ho fatto. Poi, vinta la Coppa del Mondo, sono saliti tutti sul carro dei vincitori. Anche quelli che mi avevano attaccato in modo indegno mi dicevano: «Sei stato bravissimo!».

ROSA ALBERONI  *Mister Lippi, personalmente mi tolgo il cappello. Le confesso che non ho mai avuto dubbi sulla sua capacità di lottare. Torniamo alle virtù. La forza morale è indispensabile per affrontare le bufere della vita. E l'umiltà?*

MARCELLO LIPPI  Un mio vecchio allenatore, che si chiama Eugenio Bersellini, diceva: «L'umiltà è l'anticamera dell'intelligenza». Io ho scoperto che aveva ragione. Una persona che non è umile, non può essere intelligente, e questo è un dato di fatto, ma a capirlo sono pochi. Tuttavia, nella realtà quotidiana si viene spesso fraintesi. La mia esperienza mi insegna questo: la convinzione sul lavoro che svolgi, la forza di carattere e la determinazione che occorrono per raggiungere una meta, in circostanze difficili, vengono scambiate per arroganza. La convinzione tenace nella propria bravura o competenza viene scambiata per mancanza di umiltà. La certezza delle proprie qualità, delle proprie idee che la persona vuole trasmettere con forza, molto spesso viene confusa con assenza di umiltà. O con poca umiltà. A me questo è successo. Quel po' di idiosincrasia per i giornalisti che ho manifestato nel corso della mia carriera, è dovuta proprio a questo fraintendimento di fondo. I cronisti, per necessità o per divertimento, esagerano quasi sempre.

ROSA ALBERONI  *Anche quando uno ha fatto bene il proprio mestiere, stanno accorti che non alzi troppo la cresta. Se vinci ti dicono bravo, ma il giorno dopo fingono di dimenticarsene, così gli esami, come diceva Eduardo, non finiscono mai.*

MARCELLO LIPPI  Ha ragione, è proprio così che avviene. In un modo o nell'altro con alcuni giornalisti nasce sempre l'equivoco. Molto spesso viene costruita una immagine che non corrisponde alla realtà. Di frequente, incontrando persone sconosciute, mi è capitato di sentirmi dire: «Sa, io non credevo che lei fosse così. La immaginavo completamente diverso da come è». Io non penso di essere presuntuoso. Sono estremamente convinto di quello che faccio e per cui vivo. E quando ci sono i risultati positivi, come è successo con la Juventus e ultimamente con la Nazionale, io non sfoggio la finta modestia, dico con convinzione che quando si lavora sodo i risultati vengono. Forse, a loro discolpa posso dire che è la realtà che costringe i giornalisti della carta stampata ad esagerare, ad essere sempre sopra le righe. Cioè capisco che oggi le notizie le dà la Tv. La carta stampata arriva sempre in seconda battuta, il giorno dopo. Per questo, molte volte io non li condanno, ma neanche li giustifico quando esagerano.

ROSA ALBERONI   *...inventano per guadagnarsi il pane quotidiano.*

MARCELLO LIPPI   ...sì, mi rendo conto, ma l'invenzione calunniosa dovrebbe avere un limite. Costruiscono un personaggio che non corrisponde mai alla realtà, che non rassomiglia affatto alla persona reale, eppure lo danno in pasto all'opinione pubblica, incuranti del dolore che provocano. Sa quante volte ho dovuto incitare i miei giocatori ad ignorare la stampa, a continuare ad essere convinti della forza della nostra squadra, delle nostre idee. E con i media, quando venivano avvicinati, di non superare mai quel limite che potesse far passare il sacrosanto orgoglio, del risultato conquistato con fatica, per presunzione.

ROSA ALBERONI  *Questo comportamento mi induce a pensare che sia un uomo molto coraggioso. Ma lei cosa intende per coraggio?*

MARCELLO LIPPI  Non so se sono molto coraggioso. So invece, per esperienza, che il coraggio, anche se non l'avessi per carattere, avrei dovuto darmelo. Altrimenti mi sarebbe toccato cambiar mestiere. Però il coraggio nella mia mente l'associo sempre all'applicazione delle intuizioni tecniche che ho avuto. Faccio questo accostamento, sa perché? Una volta che tu hai costruito qualcosa di importante, una squadra che ci crede, potresti domandarti: «Dove sta il coraggio ad andare in campo e magari vincere?». E invece non è così semplice, perché tu, nel momento in cui affronti la partita, devi avere il coraggio di mettere in campo un calciatore che nessun altro sceglierebbe. Vai contro tutti, perché hai la sensazione che la tua squadra sia in grado di sopportare quel tipo di giocatore che tu metti in campo. Io intendo questo per «coraggio»: la capacità di scommettere, di rischiare anche quando gli altri sono contro di te.

ROSA ALBERONI  *Allora è vero che bisogna provare paura per avere coraggio?*

MARCELLO LIPPI    Penso che ci sia un collegamento abbastanza diretto: se hai il coraggio di fare una data azione, vuol dire che non hai paura, non si scappa. Il coraggio è una virtù – perché è così che lei lo intende – che si conquista con lo sforzo, con la pazienza, con se stessi e gli altri. D'altra parte, chi è un leader, una guida, deve trasmettere sicurezza, convinzione, e deve anche avere il coraggio di prendere decisioni impopolari. Ed io ho dovuto farlo con le mie squadre. Nel momento in cui i giocatori hanno la convinzione che ci sia qualcun altro dietro le tue decisioni, è finita, sei morto come allenatore. Ecco, lì ci vuole il coraggio di dire, che ne so, ad un dirigente che vorrebbe influire, vorrebbe interferire: «Allora, l'allenatore lo fai tu. Ok? Io vado via. Se invece vuoi che lo faccia io, devo decidere io e basta». E lì ci vuole il coraggio di difendere la propria dignità. Ma ci vuole anche coraggio a non mandare in campo un giocatore importante, che magari nessuno terrebbe fuori, perché la stampa l'osanna. Non devi mai dimenticare che con la tua squadra non puoi barare. Se ti rendi conto che un certo giocatore non è utile alla squadra in quel momento, non lo mandi in campo. Se ti accorgi, al contrario, che sarebbe utile un giocatore che gli altri non reputano bravo, lo mandi in campo. E la squadra ti stima, perché conosce lo sforzo fatto insieme per raggiungere un certo risultato.

ROSA ALBERONI    *Mi faccia un esempio.*

MARCELLO LIPPI   Un esempio? Che so, dire ad un giocatore importante come Del Piero: «Oggi non giochi perché facciamo una cosa diversa, perché penso che sia più utile alla nostra strategia». La squadra apprezza, i giornalisti magari no. Mi è capitato durante i Mondiali di mandare a quel paese in sala stampa cinquanta giornalisti, soltanto perché io non volevo dare la formazione prima della partita.

ROSA ALBERONI   *Tutti noi temevamo che la bufera che aveva investito il calcio italiano influisse negativamente sulla squadra. Non crede che la sua generosità di mettersi in gioco, per i giocatori abbia funzionato come una iniezione di energia psichica?*

MARCELLO LIPPI   È probabile. Però la generosità non è una virtù che si acquista al mercato.

ROSA ALBERONI   *Di questo sono certa. È proprio la generosità manifestata nei momenti difficili che rivela la persona per quel che è. Lei, in quella occasione, ha indicato che, quando il gioco si fa duro, è il generale che deve andare in prima linea, e i soldati seguono.*

MARCELLO LIPPI   La generosità va espressa anche dietro le quinte. Per esempio, coinvolgendo un giocatore messo in penombra nella squadra: far capire agli altri che tutti sono importanti alla stessa maniera, e dare ad uno più giovane un risalto che non ha mai avuto, e che invece si merita.

ROSA ALBERONI   *E la giustizia?*

MARCELLO LIPPI   È la virtù più difficile da mettere in pratica nell'ambito di una gara mondiale, perché la gente si aspetta soltanto che la squadra vinca. E chi viene sacrificato per la vittoria conta poco. O almeno, è un problema che la gente non si pone. Però qualsiasi allenatore deve sforzarsi di amministrare la giustizia con saggezza. Prima cosa. Tutti gli allenatori raccomandano, nella costruzione di un gruppo di lavoro, di usare sempre la parola «noi», perché la squadra è un «noi». I giocatori lo capiscono, infatti dicono: «Noi abbiamo vinto, noi abbiamo perso». La parola «io» non esiste nel calcio. E questo è un atto di giustizia, come dire, naturale: si gioca, e si perde o vince insieme. Seconda cosa. L'allenatore non deve prendersela con un giocatore giovane quando in campo, un dato giorno, è stato un campione ad aver giocato male. Per essere giusto deve dire sempre tutto in presenza di tutti, trattare tutti alla stessa maniera. Però «trattare tutti alla stessa maniera» non significa mettere il giovane ventenne allo stesso livello di un giocatore con una enorme esperienza, che magari ha trenta o trentadue anni, con famiglia e figli. Applicare alla lettera il concetto di uguaglianza, in questo caso, significherebbe commettere un atto di grande ingiustizia. Trattare tutti alla stessa maniera per me significa trattare tutti con la stessa dignità. Far sentire tutti importanti, però ciascuno nel proprio ruolo e rispettando la competenza acquisita. Essere giusti non è solo in sé un atto moralmente dovuto, ma è anche utile alla squadra, perché, nell'arco dell'annata, l'allenatore ha bisogno di tutti i suoi giocatori. Se un allenatore non agisce con giustizia, non dà dignità a tutti, quando ha bisogno di quel giocatore per sostituire chi si infortuna o si ammala, se l'ha umiliato, gli restituirà in campo ciò che ha ricevuto. Cioè nulla, perché è incavolato, è sfiduciato. Se invece lo gratifica sempre, lo fa sentire importante, quando arriva il suo turno, darà il massimo, sia per la fiducia avuta sia per dimostrare in campo che vale. La giustizia, secondo me, è fondamentale per guidare una squadra, una impresa, un partito, una famiglia. Ovunque.

ROSA ALBERONI   *La pazienza è un'altra virtù benefica per un leader. Lei è paziente?*

MARCELLO LIPPI   Questa virtù in me scarseggia, lo confesso. Sono impaziente e permaloso. Sono i miei difetti, e me li riconosco.

ROSA ALBERONI   *Anch'io lo sono per natura. Però, a furia di prendere schiaffoni dalla vita, ho dovuto imparare ad essere paziente. Mi è stato utile un monito di mia nonna per apprendere questa virtù. Lei diceva: «Quando qualcosa ti irrita molto, prima di parlare morditi dieci volte la lingua». Ho imparato a mie spese quanto avesse ragione.*

MARCELLO LIPPI    Ne sono convinto. Anch'io ci provo, mi sforzo. Talvolta ci riesco, altre volte no. Per esempio, quando voglio comunicare qualcosa di essenziale alla squadra, oppure voglio fare un allenamento che ritengo molto importante, sono talmente concentrato su quella tattica, preparata con cura per cercare di vincere la partita, che se uno non intuisce dove voglio andare a parare, mi arrabbio. Mi arrabbio perché non ho la pazienza di aspettare che i giocatori capiscano cosa voglio da loro. Vorrei che intuissero. Ma loro, conoscendomi, non se la prendono. Questo si verifica, per esempio, alla vigilia di una partita, la giornata conclusiva della preparazione, dove si riassume il lavoro compiuto e si ribadiscono le cose importanti da fare in campo. Ecco, lì non accetto che un giocatore non sia concentrato al massimo, perciò mi arrabbio. Loro stanno zitti perché sanno che io, alla vigilia, sono molto impaziente.

ROSA ALBERONI    *La più grande e difficile virtù per un leader è la gestione del divenire, che poi è la vita, la realtà, sempre imprevedibile. Non solo, ma qualche volta si intromette un elemento imponderabile, come è accaduto alla Nazionale durante i Mondiali con la vicenda «calciopoli». L'imponderabile è come una tempesta che si abbatte sulla nave al centro dell'oceano, e non puoi fuggire, devi solo affrontarla. Lei ha pensato alla tempesta quando ha dovuto affrontare quella vicenda?*

MARCELLO LIPPI   Non ho pensato alla tempesta, forse perché essendo nato sul mare credo di sapere come affrontarla. La tempesta che ha investito i Mondiali non me l'aspettavo e non ero preparato a fronteggiarla. Tuttavia ho dovuto. Ho agito per intuito. Ho detto alla squadra: «Ragazzi la nostra forza deve radicarsi nel credere in quello che abbiamo programmato insieme e costruito insieme. Dobbiamo quindi sentirci tutti partecipi della sfida che ci attende. Siamo una comunità che ha un progetto e dei valori. E per non sciuparli dobbiamo usare l'intelligenza e quindi concentrarci soltanto sul nostro progetto, e mettercela tutta perché funzioni perfettamente. Noi sappiamo ed abbiamo dimostrato che siamo forti, quando siamo uniti, compatti. Ora, se crediamo tutti nel progetto e nelle nostre capacità, possiamo superare qualsiasi problema, qualsiasi disavventura. Anzi, dimostrare che è proprio questa disavventura che ci dà una motivazione in più nel duello con le squadre più forti del mondo».

ROSA ALBERONI   *E per vincere, questo lo aggiungo io con il senno di poi. E l'amicizia quanto conta nel rapporto tra il leader e i suoi giocatori? Nasce l'amicizia fra voi?*

MARCELLO LIPPI   Mah! È improbabile. C'è la stima. L'amicizia è un legame abbastanza grande e raro. Fra allenatore e giocatori è difficile che si crei. C'è stima, affetto. Quest'estate si è creata una situazione talmente bella con tutte le famiglie, i figli, le mogli che si presentavano alla fine di ogni partita. Li facevo venire tutti all'hotel nostro. Così stavamo tutti insieme, scherzavamo, ridevamo. Si è creata una forte simpatia, un affetto reciproco che non definirei amicizia, ma è qualcosa che le rassomiglia parecchio.

ROSA ALBERONI   *E fra i giocatori nasce l'amicizia?*

MARCELLO LIPPI   Sì, fra alcuni di loro nasce, soprattutto fra quelli che giocano insieme da qualche anno nello stesso Club.

ROSA ALBERONI   *Non pensa che l'amicizia non nasca fra allenatore e giocatori perché potrebbe portare un calciatore ad aspettarsi un privilegio?*

MARCELLO LIPPI   No, è da escludere. Io direi che non è prevista mentalmente, non è proprio prevista nei rispettivi ruoli. Ciò che invece accade è questo: conoscendo psicologicamente tutti i giocatori, io do un pizzico di attenzione in più, un pizzico di affetto se vogliamo, ad un giovane che ha minori soddisfazioni tecniche. Allora cerco di stargli più vicino per fargli intendere che, da parte mia, ha la stessa considerazione che hanno gli altri. Anche se lui gioca meno, non deve scoraggiarsi, deve lottare, crederci, impegnarsi. Arriverà il suo turno.

ROSA ALBERONI   *Quindi riesce a tenere il giusto equilibrio fra la dovuta distanza e una grande vicinanza, tra affetto e merito conquistato sul campo.*

MARCELLO LIPPI   Questo devo dire che non occorre spiegarlo ai calciatori, lo percepiscono da sé. Uso la distanza che ci vuole, il rispetto che ci vuole, ma con l'atteggiamento e il comportamento faccio capire quando sono disponibile a scherzare e quando non lo sono. Talvolta con loro parlo di donne, di ragazze. Qualche volta vado, come mi è accaduto a Torino, a mangiare nello stesso ristorante dei calciatori. Mangiavo allo stesso tavolo, però verso le 10-10,15 andavo via. Intuivo che avevano fatto qualche telefonata, aspettavano le ragazze, e allora li lasciavo da soli a scherzare, a fare un po' di baldoria. Però mi è capitato di rado, perché ritengo che, dopo aver trascorso tutto il giorno insieme, avessero il diritto di stare per conto proprio. La mia presenza li avrebbe in qualche modo frenati. Va bene il rigore, però ogni tanto anche loro devono agire da giovani, come la loro età reclama.

ROSA ALBERONI   *Le è mai capitato di dire a se stesso, durante una partita importante, «il dado è tratto» come disse Giulio Cesare quando attraversò il Rubicone?*

MARCELLO LIPPI   Mi è capitato sì. Parecchie volte ho preparato la squadra pensando che l'avversario facesse un certo tipo di gioco. Poi, quando mi consegnavano la lista dei giocatori della squadra avversaria, constatavo i cambiamenti apportati all'ultimo istante nella formazione. È allora che devo scegliere come reagire in pochi minuti. Usando il bilancino del farmacista, decido se è più importante correggere la formazione per adeguarla a quella avversaria, oppure trasmettere ai miei la convinzione che la preparazione fatta è adatta ad affrontare qualsiasi squadra. Di solito tengo ferma la scelta fatta, si va in campo senza cambiare niente. Avere fiducia nei propri giocatori paga. Togliere un giocatore all'ultimo istante è come dargli una coltellata al cuore. Non solo, ma l'atto repentino incide sulla squadra, li rende insicuri, e così per adeguarti alla tattica dell'avversario perdi. È in questi casi che ai giocatori dico: «Si va in campo come abbiamo deciso», e a me stesso: «Il dado è tratto».

ROSA ALBERONI  *Le è mai successo che un giocatore la tradisse?*

MARCELLO LIPPI  È successo. E in quella occasione mi è dispiaciuto di più constatare la poca qualità umana di quella persona, che il tradimento in sé.

ROSA ALBERONI  *Come ha lenito la ferita?*

MARCELLO LIPPI  Più che ferirmi, il tradimento mi produce amarezza. Più amarezza per il traditore che per me. Una volta mi è successo con un giocatore a cui avevo dedicato molto tempo per inserirlo nella squadra. Gli avevo dato fiducia, l'avevo fatto giocare. Poi, un giorno, l'ho tolto dalla squadra perché era suonato come un campana, non rispondeva alle sollecitazioni. Per un mese ho resistito, poi l'ho tolto. Ho usato queste parole per comunicarglielo: «Tu sai quanto ti stimo, te l'ho anche dimostrato dandoti fiducia. Però, adesso, mi serve un certo tipo di gioco, e tu non riesci ad entrare in sintonia con gli altri». E lui freddo mi ha risposto: «Non è detto che col fatto che mi stima lei, debba per forza stimarla anch'io». «Bene» ho commentato «sono perfettamente d'accordo con te, non c'è problema.» Però che un giocatore tradisca, è un evento raro. Accade, ma è raro.

Capitolo terzo

# L'uomo Marcello Lippi

ROSA ALBERONI  *Quanto ha contato la presenza di sua moglie nel suo lavoro, nella sua vita?*

MARCELLO LIPPI  Eh, mia moglie... mia moglie Simonetta ha contato tanto. Devo dire sinceramente che è una donna straordinaria. Io ho un carattere non facilissimo, sono uno spirito libero, mi piace molto star da solo. Nella vicinanza di momenti cruciali, cerco di isolarmi. Non sono portato a condividere le mie emozioni, e questo non fa molto piacere a Simonetta. Ma, nonostante tutto questo, nonostante il mio carattere, mia moglie mi è sempre stata vicina in una maniera incredibile. Mi ha fatto sempre sentire la sua presenza. E per molto tempo ha svolto anche il ruolo di padre per i nostri figli, soprattutto nel periodo in cui erano più piccoli. D'altra parte il mio lavoro è così, mi porta spesso lontano da casa, e lei ha sopperito alla mia assenza e, nello stesso tempo, mi è stata sempre accanto.

ROSA ALBERONI  *Quindi è una moglie complice.*

MARCELLO LIPPI  È molto importante la complicità in una coppia. Capendo fino in fondo il mio mestiere, quando io ero lontano si prodigava perché i figli mi sentissero vicino. Praticamente li ha cresciuti lei, ma facendo in modo che mi sentissero sempre presente. Le do un esempio banale: quando uno dei nostri figli chiedeva un paio di scarpe nuove, lei rispondeva: «Bisogna chiederlo a papà». E il bambino mi telefonava, e s'ingegnava di spiegarmi quanto fosse importante per lui averle. Li sentivo due, tre, quattro volte al giorno. I figli li ha cresciuti mia moglie con un amore, con una dedizione, un entusiasmo incredibili. È stata bravissima con loro e, nel contempo, non mi ha mai fatto mancare il suo appoggio. Mi ha fatto sentire la sua presenza anche quando potevo dare l'impressione che non l'apprezzassi. È intelligente, perché non era vero che non l'apprezzassi. L'apprezzavo e l'apprezzo molto. Soltanto che, per carattere, sono portato ad isolarmi, soprattutto quando sto per affrontare una sfida e sono teso, concentrato. È una forma mentale mia. Non voglio trasmettere la tensione alla famiglia, perciò star da solo mi sembra la scelta più giusta. Ho apprezzato la sua comprensione e il rispetto per la mia scelta. Simonetta è stata molto, molto importante quando ero calciatore. Mi ha sempre seguito, è sempre venuta a vedere le partite, anche con i bambini. Poi durante la mia carriera di allenatore ci sono stati dei momenti difficili. Lei sa benissimo cosa accade agli allenatori: oggi sono osannati, domani bistrattati. Ci sono stati dei periodi in cui i miei figli sentivano tifosi che urlavano parolacce nei miei confronti. In quelle occasioni dicevo a mia moglie di non portarli allo stadio: non avrebbero potuto comprendere perché i tifosi insultassero in quel modo il babbo. E lei li lasciava a casa e veniva da sola. Sono stato fortunato ad incontrare e sposare una donna così.

ROSA ALBERONI    *Ha condiviso con Simonetta le scelte che ha fatto nella professione?*

MARCELLO LIPPI    No. Le scelte professionali le ho fatte da solo, mentre altre scelte difficili, anche della vita famigliare, le ho sempre condivise con lei.

ROSA ALBERONI    *Se commette un errore nel campo professionale, lo condivide poi con lei, lo commenta?*

MARCELLO LIPPI    No, il lavoro non me lo sono mai portato a casa. Lei al principio non capiva, poi ha accettato. Talvolta veniva a me l'idea di affrontare un argomento riguardante il mio lavoro, ed allora constatavo che le faceva piacere parlarne. Non solo, ma scoprivo che lei comunque era a conoscenza di tante cose, perché frequentava le mogli dei miei collaboratori. Però, quando torno a casa, non chiede quasi mai del mio lavoro, perché sa che voglio staccare mentalmente. C'è un tempo per il lavoro e un tempo per gli affetti.

ROSA ALBERONI    *In casa lei quindi preferisce condividere solo i momenti belli?*

MARCELLO LIPPI    Sì, sarà sbagliato, ma con mia moglie preferisco vedermi un film, seguire insieme una partita in Tv, stare con lei. Preferisco condividere i momenti di serenità, visto che rimango dei lunghi periodi lontano. Comunque Simonetta è stata eccezionale. Io credo che, da questo punto di vista, lei abbia dato a me molto di più di quanto io abbia dato a lei. Poi ognuno ama alla sua maniera, vuole bene alla sua maniera. Ciò che conta in una coppia è capirsi.

ROSA ALBERONI    *E i suoi figli quanto hanno contato nell'affrontare le difficoltà, le bufere?*

MARCELLO LIPPI    Come forza morale, mi hanno dato molto. La gioia di averli mi ha riempito il cuore, mi ha fortificato. Però nelle difficoltà non li ho mai coinvolti. Ho cercato di svolgere il mio compito con la dignità di cui sono capace. Credo che, in sostanza, sia questo il ruolo di un padre: non deve mai perdere la dignità, per se stesso e per onorare la propria famiglia.

ROSA ALBERONI    *Il suo lavoro l'ha portata a spostarsi, a vivere ora in una città, ora in un'altra. La sua famiglia l'ha seguita nel suo peregrinare?*

MARCELLO LIPPI   Nella mia carriera è successo questo. Quando nell'82-'83 ho cominciato ad allenare le squadre giovanili della Sampdoria, i primi tre anni li ho vissuti a Genova. Poi sono passato ad allenare squadre toscane, Pontedera, Pistoia, Siena e Carrara, vicine a Viareggio, così la sera tornavo a casa. Poi nell'89 ho fatto il primo salto importante di carriera: sono passato dalla Serie C alla Serie A, perché mi hanno chiamato al Cesena. E lì ho portato con me la famiglia. Vi sono rimasto per un anno e mezzo. Ho iscritto i figli alle scuole di Cesena. Mia figlia frequentava il primo anno di liceo scientifico, mio figlio la seconda media. Il secondo anno, a metà stagione, sono stato esonerato, era il 17 febbraio. Con il mio carattere, mi infastidiva il solo pensiero di dover restare nella città in cui ero stato esonerato. Ricordo che ho dovuto lasciare la squadra il lunedì a mezzogiorno, e nel pomeriggio ero già a Viareggio per parlare con i Presidi della scuola media e dello scientifico, per vedere se era possibile il trasferimento dei miei figli dalle scuole di Cesena. Il martedì mattina i Presidi mi dissero che non vi erano problemi. Così il giovedì mattina i ragazzi erano già sui banchi di scuola a Viareggio, mentre con mia moglie organizzavamo il trasloco delle poche cose che avevamo con noi. A Cesena vivevamo in una casa ammobiliata.

ROSA ALBERONI   *In quella occasione è riuscito a farsi una lunga vacanza sul mare, come ha sempre sognato?*

MARCELLO LIPPI   Sì, ma per poco tempo, perché mi hanno subito chiamato ad allenare la Lucchese. Avevo un vantaggio, ero vicino a casa. L'anno successivo, nel 1991, sono andato a Bergamo, mia figlia Stefania aveva diciassette anni e Davide quindici, l'età in cui nascono le prime simpatie, le cotte, le amicizie. Strapparli al loro ambiente mi sembrava egoistico. Allora ho detto a mia moglie: «Io non voglio sradicare i nostri figli, non voglio che vivano da nomadi. Quindi è meglio che io vada via il martedì mattina e torni a casa la domenica sera. Faccio il pendolare. Qualche volta vieni tu con loro a stare con me per alcuni giorni. Così i ragazzi crescono a Viareggio, si fanno la loro vita, ed io mi arrangio». Lei ha accettato la mia proposta, ed io ho imparato a vivere con la lontananza dalla mia famiglia.

ROSA ALBERONI   *Anche quando allenava il Napoli o la Juventus è andato da solo? A Torino è rimasto tanti anni.*

MARCELLO LIPPI   Sì, era meglio per la mia famiglia. Sentivo i miei figli quattro o cinque volte al giorno. Ero sempre presente anche se fisicamente ero lontano. Sin da piccoli si sono abituati a parlarmi al telefono per qualsiasi cosa, anche la più bizzarra. Ed io, sentendo dalla loro voce che erano contenti, allegri come se fossi lì accanto a loro, mi rasserenavo. Conservo ancora delle letterine, per esempio quelle relative alla festa del papà, dove mi scrivevano: «Auguri al mio papà che, anche se non c'è mai, è come se ci fosse sempre».

ROSA ALBERONI  *Non crede che l'amino di più perché, anche se è stato lontano, è diventato quel che è oggi, e loro ne sono fieri?*

MARCELLO LIPPI  Probabilmente sì. A me comunque dispiaceva stargli lontano. Ma loro, grazie a mia moglie, non mi hanno mai fatto sentire in colpa. Anzi, hanno fatto il tifo per me.

ROSA ALBERONI  *Quindi, come padre è soddisfatto.*

MARCELLO LIPPI  Sì, molto.

\*\*\*

ROSA ALBERONI  *Andiamo indietro nel tempo. Torniamo alla sua adolescenza. Quando, dando un calcio ad un pallone, ha sentito dentro di sé che sarebbe diventato un giocatore?*

MARCELLO LIPPI  Ricordo i primi anni della mia vita, quando avevo sette, otto, nove anni, e abitavo a Viareggio in quella fascia di case che c'è dopo la passeggiata, tra il mare e la pineta. Stavo praticamente sei mesi sul mare e sei mesi in pineta, sempre a giocare a pallone. Sono cresciuto a pane e pallone. Anche perché a quei tempi, siamo negli anni Cinquanta, non è che ci fosse altro da fare. Oggi i bambini fanno mille cose. Allora invece o si giocava a pallone, o si andava al mare a giocare con le onde. Quello era il nostro divertimento. Comunque il calcio è sempre stato la mia passione.

ROSA ALBERONI  *E la prima squadra del cuore, qual è stata?*

MARCELLO LIPPI  A Viareggio, legato al carnevale c'è un torneo calcistico giovanile tra i più famosi al mondo. Quando ero adolescente – accade ancora oggi – nel periodo di carnevale venivano tutte le squadre giovanili per la gara. E accanto a casa mia c'era una piccola pensione, nella quale alloggiava sempre il Milan. Io avevo otto, nove anni, e insieme ad un mio compagno gironzolavo attorno ai calciatori, per ammirazione ma anche attratto dalle loro maglie: «Ci regalate una maglietta? Ci date un distintivo?» finché i ragazzi un po' mossi da simpatia, un po' da pietà ci regalarono due magliette. Ma due non bastavano, noi eravamo un gruppetto, dovevamo in un modo o nell'altro averne di più. Abbiamo assediato i nostri genitori, così ce ne hanno comperato delle altre. Ed io sono riuscito ad avere la mia squadretta con le maglie del Milan. Per questo episodio la mia prima simpatia è andata al Milan. Dopo, facendo il calciatore, il tifo è scomparso, sono diventato un professionista.

ROSA ALBERONI   *Qual è stata la prima squadra profes-sionista per cui ha giocato?*

MARCELLO LIPPI   La Sampdoria.

ROSA ALBERONI   *Come ha fatto ad arrivarci?*

MARCELLO LIPPI   Giocare al pallone era diventata la mia occupazione, vi dedicavo sette, otto ore al giorno, e giocavo abbastanza bene. Lasciata la squadretta della pineta di Viareggio, ho giocato in un altro paio di piccole squadre giovanili, finché non ho fatto i provini per le squadre di Serie A. Feci il provino per il Milan, la Fiorentina e la Sampdoria, e quest'ultima mi scelse. Andai a Genova a firmare il cartellino nel 1964. Poi arrivarono anche le lettere del Milan e della Fiorentina, ma io avevo già firmato con la Sampdoria. Così ho cominciato la mia carriera di calciatore professionista nella Sampdoria, che è durata sedici anni. Poi, nell'80, sono andato a Pistoia e l'anno successivo a Lucca, dove ho terminato la mia carriera di calciatore. Nell'82 sono tornato a Genova per allenare la Sampdoria. È là che è cominciata la mia carriera di allenatore. Perciò complessivamente ho vissuto a Genova dal '64 all'85. Là ho conosciuto mia moglie, mi sono sposato, sono nati i miei figli. A Genova sono diventato uomo.

ROSA ALBERONI   *Ha un rimpianto per qualcosa che sente di non avere fatto sul piano umano, come uomo?*

MARCELLO LIPPI  Rimpianto sul piano umano... credo di no. Ho un solo rimpianto, quello di non avere studiato come avrei voluto. È una mancanza che sento. Fortunatamente ho acquisito, come autodidatta, una discreta cultura generale, perché leggo molto. Mi piace leggere le riviste scientifiche legate al mio lavoro. Perciò mi pare di avere anche imparato a parlare in maniera corretta la nostra lingua. Però, quando si affrontano certi argomenti di carattere storico-filosofico-letterario, mi accorgo che mi manca... come dire, una cultura umanistica di fondo. Questo è il mio rimpianto, ed è grosso.

ROSA ALBERONI  *Può sempre recuperare, è giovane.*

MARCELLO LIPPI  Può darsi, me lo sono sempre proposto. Però sa che cosa mi succede? Il livello emozionale che mi crea il mio lavoro è talmente forte che, per liberarmi delle tensioni accumulate, nelle ore libere cerco di distrarmi, di deconcentrarmi. Quindi incontro gente al di fuori del mio lavoro. Io sono innamorato del mare, vivo per il mare. Anche una semplice passeggiata sulla riva mi dà una sensazione meravigliosa. Vado al mare con gli amici, vado a pescare, vado al molo, frequento i pescatori. Se sono a Viareggio, al mattino presto vado a vedere cosa hanno pescato, compero del pesce da loro. Mi piace vivere il mare in tutte le sue manifestazioni.

ROSA ALBERONI   *Se dovesse usare una immagine per dirmi che cosa è il mare per lei, quale userebbe?*

MARCELLO LIPPI   Un'immagine, non saprei... è il mio habitat naturale. Io penso di avere le branchie, non le ascelle, le braccia, le gambe. Appena posso mi tuffo in mare, faccio il bagno sino a novembre. Il mare è come l'aria, il sole. Non baratterei una settimana di mare con due mesi di montagna. Vivo male lontano dal mare. Quando sono a casa, appena mi alzo, la prima cosa che faccio è quella di andare al molo, al porto, e fra le grida dei gabbiani, che mi volteggiano sulla testa, rivedo le barche alla fonda. Ce ne sono tante e di tutte le dimensioni, è uno spettacolo che mi ricarica, mi dà linfa vitale. Ho una casa sulla passeggiata a mare, abito al quarto piano, e da lì vedo il golfo da Livorno fino a La Spezia. Quando ho tempo, osservo le mareggiate, il mare calmo – ho un binocolo potente – le navi, le regate e, di notte, i portacontainers che passano al largo.

ROSA ALBERONI   *Abbiamo una passione in comune, anch'io sono affascinata dal mare, dai suoi colori, i profumi, i tramonti, le scogliere, le distese di sabbia, tutto mi inebria del mare. Però vivo a Milano, quella è la mia città. Per me il mare è come una ricompensa per aver attraversato la frenetica vita milanese. Il mare è come la vita, cambia sempre...*

MARCELLO LIPPI   ...una volta è blu, una volta è grigio, un giorno è mosso, un altro è calmo, poi minaccioso, è sempre in moto…

ROSA ALBERONI   *…è il cuore del pianeta, ci ha mai pensato?*

MARCELLO LIPPI   No, però è vero, senza il mare il pianeta diventerebbe un deserto come la Luna, Marte, Giove.

ROSA ALBERONI   *Immagino che sia un grande nuotatore.*

MARCELLO LIPPI   Grande no, ho dimestichezza con il mare, come i pesci. L'anno scorso l'ultimo bagno l'ho fatto il 15 di novembre, di ritorno dalla partita Olanda – Italia.

ROSA ALBERONI   *Dopo una vittoria, una nuotata per lei deve essere un po' come abbracciare la mamma per condividerne la gioia.*

MARCELLO LIPPI   In un certo senso. Non ho dimestichezza con Freud, però sarà così. Adesso ho una barca di quindici metri, però non ho marinaio, non lo voglio. Vado sotto ai motori, cambio l'olio, i filtri, mi piace gestirmela da solo. Forse perché non sono abituato ad avere attorno a me personale di servizio. Io provengo da una famiglia modesta. Modesta ma con una grande dignità. Però di soldi non è che ce ne fossero molti. Oggi potrei permettermelo un marinaio, ma il pensiero di avere una persona a bordo, mentre io sono lì, e lui è sempre lì con me, non mi piace, perché, come le ho detto, ogni tanto desidero stare solo.

ROSA ALBERONI  *Quindi concepisce la barca come un ambiente riservato, intimo.*

MARCELLO LIPPI  È proprio così. Qualche volta faccio anche delle cose sbagliate, perché so che in barca, da soli, non bisogna mai andarci. Sa che cosa facevo anni fa, per esempio quando tornavo da Torino? Prendevo la barca e andavo sulla scia del sole al tramonto, urlando. È una sensazione bellissima, anche se mi rendo conto che è pericoloso. Perché se per caso, che so, prendi un'onda che ti fa sobbalzare, picchi la testa e svieni. Se non c'è nessuno accanto a te, la barca continua ad andare. È da incoscienti, lo so, però mi dava delle emozioni e delle sensazioni indicibili. Ora non lo faccio più, forse sono rinsavito, l'età fa di questi scherzi.

ROSA ALBERONI  *Prende la barca e va al largo, perché?*

MARCELLO LIPPI  Perché uscendo dall'imboccatura del porto, vedo, man mano che mi allontano, rimpicciolirsi il porto, la città e contemporaneamente conquisto il largo, finché mi trovo solo in mezzo al mare, non vedo nient'altro che mare e cielo, provo una sensazione indicibile di pace e gioia insieme. È una sensazione inebriante: intanto perché sto andando a fare la cosa che più mi piace, e poi l'allontanarmi dal porto significa abbandonare la quotidianità, i problemi, le tensioni del lavoro. Più guadagno il largo, più mi avvicino al centro del mare, e più la mia sensazione di libertà aumenta.

ROSA ALBERONI   *Cosa pensa quando è da solo in mezzo al mare?*

MARCELLO LIPPI   Provo le stesse sensazioni anche se sono in compagnia. Di rado ormai vado da solo, l'era delle follie giovanili è passata. Mi sento felice perché sto facendo quello che ho sognato di fare sempre mentre ero al lavoro a Torino, Milano o all'estero, cioè lontano dal mare. È un modo di ritrovarmi.

ROSA ALBERONI   *E quando ritorna in porto come si sente?*

MARCELLO LIPPI   Non provo particolari sensazioni, non ho il mito di Itaca, anche se il ritorno a casa è sempre piacevole.

ROSA ALBERONI   *Se dovesse paragonarsi ad Ulisse?*

MARCELLO LIPPI   Io invidio Ulisse.

ROSA ALBERONI   *Perché?*

MARCELLO LIPPI    Lo invidio per il viaggio che ha fatto e per tutto quello che ha scoperto. Per le emozioni che ha provato, per il rapporto con casa sua, per le sensazioni che ha vissuto navigando, per ciò che ha visto, chi ha incontrato, come ha affrontato i pericoli, il mistero. Io invidio qualunque persona vada per mare, che ha fatto scoperte come Colombo, che ha creduto nelle proprie intuizioni. Io, le ripeto, ho un rapporto molto, ma molto particolare con il mare.

ROSA ALBERONI    *È nato sul mare e quindi resta un marinaio?*

MARCELLO LIPPI    Per metà sì.

ROSA ALBERONI    *Però, se ci pensa bene, Ulisse ha trascorso più anni a terra che in mare. Si è fermato con Calipso molti anni, è stato prigioniero di Circe per molto tempo. Il mare lo ha attraversato solo per approdare da qualche parte, per esplorare nuovi luoghi.*

MARCELLO LIPPI    Le rivelo una mia mania: quando vado in barca, mi piace ormeggiare molto vicino agli scogli, ad un'isola. Lo faccio anche sapendo di rischiare, perché c'è sempre il pericolo che la barca urti uno scoglio. Poi la prima cosa che faccio è quella di tuffarmi e raggiungere a nuoto la terra, dove di solito ci sono tanti gabbiani. Appena arrivo, si allontanano arrabbiati, lanciano grida perché sto violando il loro territorio. Ed hanno ragione, li capisco. Però io appena mi avvicino ad un'isola, una scogliera, sento un desiderio irrefrenabile di tuffarmi e andare a vedere che cosa c'è sul nuovo angolo di costa che ho raggiunto. Che poi sono tutti uguali, però lo scopro andandoci.

ROSA ALBERONI  *Lei dice di essere attratto dal mare. Però oggi, quando siamo andati sul molo di Viareggio, ed abbiamo attraversato un ponte, lei mi ha indicato i riflettori dello stadio che sbucavano al di sopra dei tetti delle case. E mentre me li mostrava, ho visto il suo volto illuminarsi, ed anche il tono di voce mi suonava come un «Ecco il mio mondo!».*

MARCELLO LIPPI  È vero, quando vedo un impianto sportivo, anche se non ci entro o non ci sono mai stato, appena vedo spuntare dai tetti i riflettori, mi scorre nella mente l'inizio della mia carriera calcistica. Mi vedo ragazzino che gioco, i primi calci alle prime partite, l'euforia degli esordi. È un attimo, è un flash che si ripete sempre quando intravedo uno stadio.

ROSA ALBERONI  *Questo indica che lo stadio è il luogo in cui è più felice?*

MARCELLO LIPPI  Probabilmente sì. È il posto dove sono stato felice, felice di arrivarci e di esserci. È stato il luogo in cui sono diventato uomo, e mi ha regalato tutto quello che ho adesso, una famiglia, una casa, una professione. Sono diventato quello che sono. Lo stadio è il posto in cui ho espresso tutto quello che avevo dentro, che avevo intenzione di fare e che, all'inizio, mi pareva soltanto un sogno. Può darsi che l'emozione che paleso, vedendo uno stadio, sia anche una forma di riconoscenza verso chi mi ha compreso, aiutato. Chi lo sa! Però mi succede sempre, è un lampo.

ROSA ALBERONI   *A un lato della sua casa c'è un giardino che si perde in un orto. Me lo mostrava con soddisfazione, ho capito male?*

MARCELLO LIPPI   No, no, mi piace.

ROSA ALBERONI   *Perché? Non ce la vedo a piantar pomodori o insalata.*

MARCELLO LIPPI   Sa quali sono state le prime immagini che mi sono scorse davanti agli occhi il giorno in cui ho visto la mia casa con il giardino e l'orto terminato? Tutte le case che ho cambiato nella mia vita, e che prendevamo in affitto. Quando sono arrivato nella casa che avevo comperato, mentre andavo con mia moglie fino al fondo dell'orto mi sono fermato: mi sono guardato attorno e ho visto di qua la casa con il pezzo di giardino, di là il terreno con l'orto e, in fondo, un piccolo campo di calcio per i bambini. Ho capito quanto fosse cambiata la mia esistenza: da una vita così provvisoria ad una casa nostra con giardino ed orto. Una bella soddisfazione, non trova?

ROSA ALBERONI  *Certo, soprattutto per chi, come lei e me, proviene da una infanzia povera o modesta. Anch'io quando vedo la nostra casa con il giardino non riesco ancora a crederci. Ogni volta ripeto a mio marito: «Meno male che siamo riusciti a comprarla! Dio è stato buono con noi».*

MARCELLO LIPPI  Così hanno fatto la maggior parte degli italiani. Si sono guadagnati, onestamente, un mattone al giorno per la propria casa.

ROSA ALBERONI  *I suoi genitori si sono mai dedicati alla campagna?*

MARCELLO LIPPI  No, mio padre ha fatto tanti lavori, prevalentemente nella sua pasticceria. Mia madre, oltre a lavorare nel negozio di pasticceria con mio padre, era anche sarta. La sera ci cuciva i vestiti. Così noi, in famiglia, eravamo sempre vestiti in maniera dignitosa.

ROSA ALBERONI  *Non crede che nel piacere di possedere un pezzo di terra ci sia qualcosa di antico?*

MARCELLO LIPPI  Non saprei, perché io nell'orto non ci entro mai. Anche quando vado a vedere i pomodori o le fragole, li guardo dall'esterno, non ci vado in mezzo, non sono portato. Mi piace sapere che ci sono. Però ho anche dei ricordi legati alla campagna. Mio padre apparteneva a una famiglia di contadini, e quando ero bambino, durante l'estate, mi portava nell'entroterra, in aperta campagna, a casa di mio zio. Avevo circa sette o otto anni. Ricordo che al mattino mangiavo il pane fatto da mia zia, lo inzuppavo nel latte appena munto. E mio zio tagliava le fette di pane appoggiando la pagnotta contro il petto. Sì, è vero, uno crede di aver dimenticato, ma poi quando riflette o sente un profumo, il latte appena munto, il pane appena sfornato, i ricordi emergono.

ROSA ALBERONI  *La memoria è il nostro pozzo, il nostro granaio a cui attingiamo sempre senza esserne coscienti. Ricordi e profumi emergono, soprattutto il profumo del pane appena sfornato provoca un'attrazione irresistibile.*

MARCELLO LIPPI  È vero, mi è capitato di passare la mattina presto davanti ad un negozio di pane, e l'odore mi ha sempre attratto, talvolta mi sono fermato per acquistarlo.

ROSA ALBERONI  *Che ricordo ha di suo padre?*

MARCELLO LIPPI  Bello, molto bello. Una persona dolcissima, una persona pulita, sempre alla ricerca del meglio possibile per la famiglia. Me lo ricordo affannato, sudato, consegnava i dolci il giovedì e la domenica. C'era il turismo e lui consegnava i dolci, facendo il giro delle pensioni. Tornava a casa stanco, sudato, però soddisfatto, perché aveva lavorato. Bene. Dell'infanzia ho questi ricordi di mio padre. Poi gli altri ricordi vivi di mio padre sono quelli che si riferiscono al mio ingresso in Serie A. Era orgoglioso in una maniera incredibile. E quando seguiva le partite alla trasmissione *Tutto il calcio minuto per minuto*, gli amici del bar mi raccontavano: «Marcello, tuo padre non dovrebbe più seguire le partite la domenica, perché diventa tutto rosso. Potrebbe venirgli un colpo». Si emozionava tanto, e non saprò mai cosa pensasse in quei momenti, posso solo supporlo.

*\*\*\**

ROSA ALBERONI  *Torniamo al presente. Oltre ad andare in barca, vedere uno stadio di calcio, qual è stata la gioia più grande della sua vita?*

MARCELLO LIPPI  La gioia più grande... lei immagino che intenda tutto, tutto compreso...

ROSA ALBERONI  *...tutto nell'arco della vita.*

MARCELLO LIPPI  I miei figli, la nascita dei miei figli, è questa la gioia più grande.

ROSA ALBERONI  *E sul piano professionale?*

MARCELLO LIPPI   Sul piano professionale sono stati i successi. Però quando io dico successi, le parlo della gioia mia che non è mai riferita soltanto alla conquista di un trofeo, ma alla crescita delle persone. Sta soprattutto nel veder crescere un gruppo con il quale lavoro, al quale trasmetto tutto quello che ho nel cuore e nel cervello, e ottengo la risposta che mi attendevo. Se poi insieme a loro arrivo prima sul tetto d'Italia, poi sul tetto d'Europa, poi sul tetto del mondo, è straordinario. Sono questi traguardi guadagnati insieme alla squadra che mi danno gioia. In passato è successo che, con la Juventus, abbiamo vinto prima lo Scudetto, poi la Champions League, la Coppa del Mondo per Club. E con la Nazionale la Coppa del Mondo. Queste mete raggiunte insieme alle squadre che ho allenato, mi hanno dato le grandi, vere gioie della mia carriera.

ROSA ALBERONI   *Certo, un generale senza esercito non va da nessuna parte. Ma proprio vedendo i risultati che ha ottenuto con le squadre che ha guidato, dovremmo chiamarla maestro Lippi, non Mister Lippi.*

MARCELLO LIPPI   [Risata]

ROSA ALBERONI   *Dico sul serio. «Maestro» in senso rinascimentale. Le spiego: per lei è importante riuscire a formare dei calciatori per raggiungere un traguardo ambìto, e per gli artisti del Rinascimento formare tanti allievi. Infatti tuttora si dice: la Bottega del Ghirlan-*

*daio, del Verrocchio, di Raffaello ecc. Nella nostra epo-
ca queste soddisfazioni può provarle un chirurgo,
quando riesce a formare la sua équipe e un allenatore
la sua squadra. Quindi, possiamo dire, senza ridere,
che c'è una Bottega di Lippi. La soddisfazione del maestro sta nel riuscire a stabilire una comunione d'intenti e di sapere con i suoi. Plasmare dei bravi calciatori è
il suo scopo. Poi, fra di essi, chi ha più talenti li fa fruttare, dimostrandosi un campione o un fuoriclasse.*

MARCELLO LIPPI   È così che avviene in una squadra.
Ha ragione, è questa la cosa che mi dà la felicità maggiore.

ROSA ALBERONI   *Un grande filosofo ha detto: «L'uomo è quel che fa», proprio per indicare che la persona
manifesta quel che è con le opere, con le azioni, non
con quel che dice. Forse anche per lei ciò che ha fatto
esprime quel che lei è, e ha dato un senso pieno alla
sua vita?*

MARCELLO LIPPI   Sì, per me il senso del mio impegno
lo colgo nell'aver costruito qualcosa in cui ci sono
sintonia e armonia. Dove ogni ruolo è coperto, in
ogni ruolo c'è il meglio di quello che ci può essere a
disposizione. In questo si materializza la soddisfazione mia.

ROSA ALBERONI   *E la forza d'animo?*

MARCELLO LIPPI    La forza d'animo… la forza d'animo scopri di averla quando senti che ti hanno graffiato il cuore con gli artigli, ti hanno graffiato l'anima e resti attonito, perché non comprendi le ragioni dello sfregio ricevuto. Non riesci a comprenderlo con il cuore, con l'anima, perché sai dentro di te che è ingiusto, e l'anima, come dice la nostra religione, «grida vendetta davanti al trono di Dio». Be', qualcosa di simile è accaduto dentro di me, quando la bufera «calciopoli» mi ha investito durante i Mondiali. Ne avrà di certo sentito parlare.

ROSA ALBERONI    *Fino alla nausea.*

MARCELLO LIPPI    Io ho due figli, Stefania e Davide. Davide è cresciuto a latte, pane e spogliatoi di calcio. Quando è nato facevo il calciatore. Lui era così entusiasta del suo papà che dava continuamente calci al pallone. E come tutti i maschietti cercava di imitarmi sin dai primi passi. Io ne ero orgoglioso. Mia moglie veniva a trovarmi quasi tutti i pomeriggi, perché a quell'epoca abitavamo a Genova, dove giocavo. Ed ogni volta, finiti gli allenamenti, io lo portavo con me, giocavo con lui, faceva la doccia negli spogliatoi insieme ai miei compagni di squadra. Era diventato il loro spasso oltre che il mio. È cresciuto in una squadra di calcio. Divenuto ragazzo ha provato a giocare anche lui. Avrebbe dato chissà cosa per emulare il suo babbo. Però è molto orgoglioso, ha voluto sempre fare da sé. «Non voglio il tuo aiuto» mi ha detto quando era adolescente «devo cavarmela da solo, come hai fatto tu. Se non ci riesco, cambierò mestiere. Ma tu non devi intervenire, neanche per scherzo.» Io non avevo nessuna intenzione d'intervenire né d'interferire, perché sapevo bene che la stoffa del calciatore ce l'hai, oppure non puoi inventartela. Certo, ci vuole la passione, la preparazione tecnica, ma non bastano, occorre quel qualcosa in più, che è indefinibile. Davide ha agito da solo. Era diventato un discreto calciatore. Io, ligio ai patti stabiliti, non intervenivo, e lui non mi chiedeva neppure dei consigli tecnici. Parlare del mestiere che stava imparando era un argomento tabù. Un giorno, aveva ventitré anni, per la prima volta venne a chiedermi un consiglio: «Papà, c'è una squadra di Serie C2 che mi vorrebbe. Tu cosa ne pensi?». Lo portai a fare una passeggiata come faccio con un giovane calciatore qualsiasi, quando mi chiede un consiglio. Gli dissi: «Devo rivelarti un aspetto del mio mestiere di allenatore: quando parlo con un giovane giocatore, lo esorto sempre a crederci, a provarci, perché, nella vita, la cosa più brutta che possa capitare ad una persona è quella di aver solo pensato di poter svolgere una certa attività, ma di non avere mai provato ad impararla per davvero. Perciò ho sempre detto ad ogni calciatore: "Provaci, fino ad una certa età. Se poi, a venticinque anni, il bruco non è diventato farfalla, bisogna svegliarsi dal sogno. Se non ce l'hai fatta a diventare professionista, se non giochi in una squadra vera, a quel punto è meglio che torni a casa tua". Non si può continuare a girare il mondo nelle squadre di Serie C, non si può continuare a sperare che accada un miracolo. La carriera del calciatore è breve. La passione per il calcio non ti abbandona, e tu continua pure a giocare per divertimento, ma in parallelo comincia a lavorare. Costruisciti un futuro che ti permetta di vivere e mantenere la famiglia».

ROSA ALBERONI   *In sostanza ha detto a suo figlio di cambiar mestiere.*

MARCELLO LIPPI   Certo. Lui, sentendo le mie parole stava male, forse per il tono di voce che usavo, senza accorgermene. Era quello di un padre. Non a caso, mentre gli parlavo camminava accanto a me guardando il selciato. In realtà gli ho detto ciò che dico agli altri giovani. E non avevo badato al tono di voce perché avevo anche capito che lui era venuto da me per sentirsi confermare una scelta che aveva già fatto per conto suo. Ed era sensata. E infatti, ad un certo punto, mi disse: «È ora che m'inventi un'attività. Però vorrei restare nel mondo del calcio». Quando abbiamo avuto questo dialogo, io ero allenatore della Juventus. «Cosa vorresti fare?» gli chiesi. «Vorrei provare a lavorare nel settore del marketing.»

ROSA ALBERONI   *E così venne a Torino con lei?*

MARCELLO LIPPI   Sì. Si mise a studiare sul serio, frequentò una specie di master di marketing, mentre faceva pratica con gente che di marketing se ne intendeva per davvero. In quel periodo ha conosciuto il figlio di Moggi. Erano nello stesso ambiente e si frequentavano, logicamente. Poi io lasciai la Juventus, ed anche lui venne via da Torino. Si preparò per il concorso di Procuratore calcistico e lo vinse. Oggi è quello il suo mestiere. Io non ho mai preso un suo giocatore in una mia squadra, e tanto meno nella Nazionale. Proprio per non dare adito a malignità. Ma, come vede, non è servito a nulla.

ROSA ALBERONI   *Non fatico a crederci. Con il padre Commissario Tecnico della Nazionale, in quel momento faceva notizia soprattutto il nome Lippi.*

MARCELLO LIPPI   Hanno strumentalizzato il suo nome. Quando vedi il nome di tuo figlio in mezzo agli altri, per i quali viene ipotizzata l'associazione a delinquere, be', è dura. Non è facile per un padre, uscendo al mattino, leggere il nome del proprio figlio sulle locandine dell'edicolante, come se fosse un criminale. In questi casi, mi creda, non basta la forza morale, ci vuole la forza d'animo, come dice lei.

ROSA ALBERONI   *Dopo quanto mi ha raccontato, domandarle qual è stata l'angoscia più grande della sua vita potrà sembrare sciocco.*

MARCELLO LIPPI   La vicenda che le ho appena raccontato mi ha procurato grande dispiacere, non angoscia.

ROSA ALBERONI *Tutti abbiamo delle angosce, la vita non scorre bella liscia. Il fiume non è dritto, lei lo sa bene.*

MARCELLO LIPPI No, però... lo sa qual è il motivo? Probabilmente sto dicendo una banalità, perché tutti gli esseri umani danno il meglio di se stessi nella lotta. Quando attraverso un momento di difficoltà, di paura, di apprensione, nasce in me il desiderio di reagire. Io non ho mai vissuto angosce vere, nel senso che gli ostacoli li ho sempre considerati come tappe normali della vita. Non si può pensare che nell'esistenza vada tutto e sempre bene. E perciò i momenti di angoscia, che io chiamo momenti di difficoltà, li ho sempre affrontati con grande determinazione. È come se, dico un paradosso, fossi quasi contento che accadano. Sembra un paradosso, ma per me non lo è, perché quando capitano i momenti duri, e la realtà mi sfida, io riesco a dare il meglio di me stesso. È... perché ride? Ride di me?

ROSA ALBERONI *No, no, rido pensando alle sue difficoltà durante i Mondiali. Capisco benissimo che lei sappia dare il meglio di sé nel superare gli ostacoli. Forse perché sono stati gli ostacoli a forgiarmi. Io ho delle lacune, ma a superare gli ostacoli sono allenata.*

MARCELLO LIPPI Anch'io ne ho di lacune, e vengono fuori quando devo gestire i momenti di grande gioia. Per ottenere il massimo, per superare gli scogli devi essere nudo, devi essere determinato, devi essere severo con te stesso. Ed io lo sono. Mentre nei momenti di grande gioia, quando ci sono tanti elogi, tante riconoscenze, è difficile mettersi a nudo, perché si rischia di esagerare.

ROSA ALBERONI   *Anche di banalizzare.*

MARCELLO LIPPI   Forse sì, la felicità, la gioia è intima, è un appannaggio dell'anima. Ecco, forse per questo i momenti di angoscia io non li ricordo. Momenti di grande dispiacere, dal punto di vista professionale, ne ho avuti tanti, però non ne conosco il sapore. Ho vissuto, è chiaro, da quando ho iniziato a fare l'allenatore, dure tappe, gli esoneri, per esempio. Ho avuto due-tre esoneri, come è successo a tutti gli allenatori. Il primo l'ho vissuto in maniera drammatica. Mi dicevo: «Ho appena cominciato, e già mi cacciano». Pensavo fosse un problema insuperabile. Ed invece no. Dopo, ho vissuto un altro esonero, e poi un altro ancora, l'ultimo, quando ero all'Inter. L'ho subìto, però non ero assolutamente preoccupato, forse perché ormai mi ero affermato e dicevo: «Un'annata non felice capita a chiunque».

ROSA ALBERONI   *E la paura, ha avuto mai paura, una grande paura?*

MARCELLO LIPPI   Paura a livello professionale?

ROSA ALBERONI   *O umana, come crede.*

MARCELLO LIPPI   No, paura no. Però pensandoci bene... io vivo la sensazione di paura quando sono vicino ad una persona inferma di mente, perché mi afferra lo sgomento, direi paura, sì.

ROSA ALBERONI   *Perché?*

MARCELLO LIPPI   Il pazzo, la pazzia mi sconvolge, perché non riesco a decifrare cosa passa nella testa della persona che ho di fronte. Ho compassione, mi dispiace, ma non so come aiutarla, mi sento inutile. Sarà una deformazione mentale dovuta alla mia professione, non saprei, però il mio essere è così. Sarà perché come allenatore, come guida di un gruppo e poi anche come padre di famiglia, di fronte alle difficoltà la mia tendenza, il mio compito è quello di infondere sicurezza, di aiutare, di tranquillizzare gli altri: «Ma dài, si rimedia». Talvolta mi è capitato di farlo anche in barca con degli amici: il mare si mette male, le onde sono enormi, le mogli piangono. Ed io, d'istinto: «Ma cosa vuoi che sia». E gli altri: «Incosciente, guarda che onde!». «Le vedo, le vedo anch'io, ma non ha nessun senso avere paura.» Io ho appreso che quanto più sei sereno, tanto più trovi la maniera di cavartela. La soluzione la trovi solo se sei sereno, non certo se ti lasci prendere dal panico.

ROSA ALBERONI    *Il panico è una bestia incontrollabile. La paura passa con l'esperienza, è come imparare a camminare, il panico, eh... il panico...*

MARCELLO LIPPI    ...non è una capacità di reazione che si apprende.

ROSA ALBERONI    *Non credo. Senta, le è mai capitato di dover fare il patto col diavolo?*

MARCELLO LIPPI    [Risata] Mi spieghi bene cosa intende dire con «patto col diavolo», potrei interpretarlo diversamente, tentazioni ne ho avute... Che fa, ride di me?

ROSA ALBERONI    *No, no, rido per la quantità di significati che diamo alle parole. Comunque, ciascuno di noi credo che nella vita, prima o poi, incontri il diavolo. Non quello col forcone, con le corna, la coda come la fantasia popolare medievale l'ha immaginato. Ma, per esempio, se davanti ad una situazione professionale...*

MARCELLO LIPPI    ...cioè, un compromesso?

ROSA ALBERONI    *Sì, una situazione che potrebbe indurla con la lusinga ad agire contro se stesso, a tradire la sua vocazione.*

MARCELLO LIPPI    No, non l'ho mai fatto, perché ho

un brutto carattere e perché tengo molto alla mia dignità e al modo in cui lavoro. Ho preferito l'esonero, rinunciare, rischiare di uscire di scena. Non mi è neppure capitato che me lo sottoponessero, sono troppo spigoloso, permaloso. Le faccio un esempio. Durante il mio ultimo anno alla Juventus, nel primo periodo, abbiamo avuto due-tre infortuni importanti. E, nonostante tutto, nel campionato eravamo primi in classifica, avevamo passato anche il turno di Champions League, ma, ad un tratto, Del Piero si spaccò il ginocchio, Inzaghi soffriva di pubalgia, insomma ci furono molti giocatori importanti infortunati. Dopo quegli incidenti la squadra perse un po' di sicurezza. Infatti, perdemmo alcune posizioni di classifica. Allora la gente cominciò a dire: «La squadra ha perso sicurezza perché Lippi ha fatto sapere che il prossimo anno andrà via». E allora sa cosa feci? Sono permaloso, gliel'ho detto. Una sera, dopo aver perso una partita, andai in sala stampa e dissi ai giornalisti: «Benissimo, voi pensate che il problema sia io? Ok, allora vado via, do le dimissioni. Da stasera non sono più l'allenatore della Juventus». Rinunciai al compenso per il resto della stagione, perché ho lasciato la Juventus in febbraio. Andai a casa, e la squadra peggiorò ancora, perse posizioni in campionato e fu eliminata anche dalla Champions League. Era un'annata storta. Ma vallo a far capire alla gente!

***

ROSA ALBERONI   *Nella sua infanzia quanto ha contato sua madre?*

MARCELLO LIPPI   Della mia infanzia le ho raccontato le difficoltà economiche della mia famiglia. Mio padre ha avuto sempre tanta buona volontà, voglia di fare, ma non ha avuto molta fortuna. Il lavoro agli inizi non andava molto bene, faticava tanto per guadagnare l'indispensabile per vivere. E in tutto questo c'era il calore, l'alone benefico di mia madre che lavorava come un bue, per aiutare a mantenere la famiglia. Per non farci mancare niente, cuciva fino a tarda notte, perché l'abito per una signora fosse pronto il giorno dopo. Non c'era una lira. Insomma l'immagine di mia madre è quella di una donna che ha amato la sua famiglia più di se stessa. Si è dedicata completamente ai suoi figli, a suo marito, sacrificando completamente se stessa. La sua vita eravamo noi. In quel periodo lì, nel dopoguerra, erano tutti così i genitori. La loro preoccupazione non era certo quella di chiedersi dove fare una settimana di vacanza, se in un villaggio turistico o in montagna. Ma era quella di mettere il mangiare in tavola tutti i giorni, di garantire ai figli lo studio e di vestirli in maniera dignitosa. Quella era la loro vera, grande soddisfazione.

ROSA ALBERONI   *Cosa ha fatto con i primi soldi guadagnati come calciatore?*

MARCELLO LIPPI   Ho comperato la casa per i miei. La gioia di mia madre allora è stata grande, l'ha arredata con cura, con le sue mani. Noi, che eravamo vissuti sempre in case d'affitto, finalmente avevamo una casa nostra.

ROSA ALBERONI   *Suo padre all'inizio, quando era ragazzino e voleva fare il calciatore, l'ha aiutata oppure l'ha ostacolata?*

MARCELLO LIPPI   Non mi ha mai ostacolato, perché sapeva che io ero innamorato del gioco del calcio. E quando la Sampdoria mi prese, avevo quindici anni, andai a vivere a Genova. Lui era così contento. Anzi mi ha aiutato, perché nei primi anni io guadagnavo tre lire, dopo dieci giorni li avevo già finiti. Allora i miei genitori venivano a trovarmi, mi portavano un po' di soldi, oppure mi facevano un bonifico. Mio padre aveva capito che mi ero scelto una buona strada, ed ha favorito in tutto e per tutto la mia vocazione. Anzi, sperava, desiderava che il mio lavoro fruttasse più del suo.

ROSA ALBERONI   *E con i primi soldi da allenatore cosa ha fatto?*

MARCELLO LIPPI   Ho comperato la casa per me, per i miei figli, mia moglie. Poi ne ho comperata un'altra dove vivono tuttora mia sorella e suo marito. E, per alcuni anni, anche mia madre che, nel frattempo, era rimasta sola dopo la morte di mio padre nel '91. Qualche mese fa ci ha lasciato anche lei.

ROSA ALBERONI   *Dei suoi figli, Stefania e Davide, quale predilige?*

MARCELLO LIPPI   Intanto, come le ho raccontato, loro sono stati abituati a vivere lontani da me. E questo continuano a farlo anche oggi, la loro famiglia se la sono costruita da un'altra parte, in un'altra città, lontano da Viareggio. E la lontananza la viviamo come l'abbiamo sempre vissuta. No, non ho un figlio prediletto.

ROSA ALBERONI   *Ci avrei giurato, tutti i genitori danno la stessa risposta, che per me è bugiarda. Lo dico per esperienza.*

MARCELLO LIPPI   Ma sì, un genitore può avere una simpatia per quello che si comporta meglio, è ovvio. Non ho un figlio prediletto. Ognuno ha le sue caratteristiche: Davide è più affettuoso, più mammone, più coccolone. Lui arriva: abbracci, baci. Stefania è più come me, meno estroversa. Però, da parte mia, non c'è una predilezione, pur riconoscendo alcune differenze fra l'uno e l'altra.

ROSA ALBERONI   *Voglio crederle, c'è sempre l'eccezione. Ma non ha avuto un atteggiamento più protettivo verso la figlia femmina? Per i papà è istintivo.*

MARCELLO LIPPI   Se un padre conosce pienamente i propri figli, conosce la loro forza e le loro debolezze, nei confronti di quello più debole diventa inconsciamente più protettivo, è naturale che avvenga. Quando un genitore si accorge che il figlio più debole caratterialmente ha dei problemi diventa più protettivo. Mia figlia ha un carattere forte, ha un ottimo rapporto con me, ma non sono più protettivo verso di lei. Si è sposata, lavora, è contenta, e mi ha dato un nipotino che ha cinque anni.

ROSA ALBERONI   *Ha paura della morte?*

MARCELLO LIPPI   Non ho paura della morte perché non ci penso. Non mi sento immortale, però ancora la paura di morire non ce l'ho. Certo, mi dispiacerebbe non godermi ancora un po' di anni. Mi piace troppo quello che sto facendo. Mi sento ancora forte fisicamente. La vita che faccio – il nuoto, i tuffi, le immersioni – mi piace. Ecco, più che la morte, mi spaventa l'inefficienza fisica. E talvolta, quando penso che a un certo punto non potrò più fare quello che faccio ora, allora penso di aver sbagliato a non essermi allenato alla lettura.

ROSA ALBERONI   *Come vede il futuro?*

MARCELLO LIPPI   Io sono ottimista per natura. Sono ottimista sotto tutti i punti di vista. Il futuro personale lo immagino sereno. Certo, è facile per uno come me che vive abbastanza bene e non ha grandi problemi né fisici né economici. Mentre per il futuro dell'Italia e non solo, il mio ottimismo si basa su questo: stiamo arrivando ad una presa di coscienza umana positiva. Stiamo capendo che non bisogna più pensare solo al nostro giardino, ma anche agli altri. Sono talmente tante le problematiche che ci sono nel mondo – i bambini che non mangiano, la gente dell'Europa dell'Est che deve rafforzare la democrazia e le proprie condizioni di vita ecc. – che è impossibile essere indifferenti, pensare solo a se stessi. Per semplificare, dico che il futuro lo vedo azzurro, con una maggiore solidarietà umana. Perché se noi non aiutiamo i popoli a risolvere i problemi a casa loro, questi verranno sempre di più da noi. Ma lo spazio è quel che è, non possiamo accogliere tutti.

ROSA ALBERONI  *Crede alla convinzione dei cristiani credenti che affermano: «Io sono nato, dunque sono eterno»?*

MARCELLO LIPPI  Non saprei. Io credo in Dio. E penso spesso a Dio quando vado in barca, quando volo in aereo, cioè quando mi soffermo sull'esistenza, sulla bellezza e grandiosità dell'infinito, non posso non pensare ad una Entità sovrumana creatrice. L'infinito è una cosa che mi fa impazzire: «Sì, mi dico, c'è Marte, Giove, i pianeti, e miliardi di galassie, e poi? E dopo, cosa c'è? E allora ci deve essere per forza

una Mente grandiosa e saggia che ha creato il tutto».
Per questo credo in Dio.

ROSA ALBERONI    *Senza saperlo lei ha espresso ciò che è
scritto nel Vangelo: «Tutto è stato fatto per mezzo di
Lui e senza di Lui niente è stato fatto di tutto ciò che
esiste».*

## Capitolo quarto

# Giocatori e squadre

ROSA ALBERONI   *Nelle squadre che ha allenato lei, o in altre squadre, avvengono fenomeni di ostracismo verso un giocatore?*

MARCELLO LIPPI   Fenomeni di ostracismo possono accadere. Vede, però, dopo la legge Bosman che ha stravolto completamente il mondo del calcio...

ROSA ALBERONI   *...non conosco la legge.*

MARCELLO LIPPI   Gliela spiego. Una volta le Società erano proprietarie dei cartellini. Un giocatore firmando il cartellino per una squadra diventava sua proprietà. La Società aveva la possibilità di venderlo ad un'altra. Questo non era giusto, in quanto il calciatore non è un oggetto e neppure un pacco postale da mandare un anno a Catania, l'anno successivo a Bolzano o a Cagliari. Allora ci fu uno studio a livello europeo e, poi, venne approvata una legge in difesa dei calciatori. La legge Bosman oggi in vigore, ha abolito l'esistenza del vincolo totale, la proprietà assoluta del calciatore da parte del Club, e ha stabilito dei parametri: in base all'età, alla valutazione che il calciatore ha sul mercato e al suo guadagno, resta vincolato a quella determinata squadra soltanto per il periodo del contratto. Scaduto il contratto, il giocatore può scegliere garantendo alla sua Società il parametro, e il Club anche. Oppure può essere ceduto, durante il periodo del contratto, per qualsiasi cifra.

ROSA ALBERONI   *È una sorta di contratto a termine come avviene per altre attività.*

MARCELLO LIPPI   Esatto.

ROSA ALBERONI   *E l'ostracismo perché avviene?*

MARCELLO LIPPI   Si verifica talvolta perché succede questo: il calciatore, al secondo anno di un contratto triennale, viene avvicinato da altre Società che ad esempio gli dicono: «Non prolungare il contratto perché il prossimo anno ti prendiamo noi, ti paghiamo il doppio, tre volte ecc.». È la concorrenza. Il giocatore che ha ricevuto quella offerta, quando il Club con cui ha stipulato il contratto, più o meno al secondo anno, gli propone di allungare i tempi, rifiuta perché ha già firmato un pre-contratto con il Club avversario. Allora la Società che la sa lunga...

ROSA ALBERONI   *...lo lascia in panchina.*

MARCELLO LIPPI   In alcuni casi lo lascia fuori, non lo fa giocare. Ed è una situazione pericolosa per il calciatore, soprattutto per quello di alto livello. Non giocando può perdere il posto in Nazionale, può perdere le sponsorizzazioni ecc. L'ostracismo è una risposta alla slealtà.

ROSA ALBERONI   *E l'ostracismo fra giocatori avviene?*

MARCELLO LIPPI   Sì, sì.

ROSA ALBERONI   *In che modo?*

MARCELLO LIPPI   Ma, vede, accade che in un gruppo – come in una classe, in una fabbrica, in un reparto – costituito da quindici, venti persone ci siano simpatie o antipatie. È nella logica della natura umana. Talvolta arrivano persino alle mani. Poi è evidente che sta all'intelligenza delle persone capire che è necessario smussare gli attriti e lavorare insieme.

ROSA ALBERONI   *E chi interviene in questi casi?*

MARCELLO LIPPI   In genere l'allenatore. Quando capisce che qualcosa non funziona fra alcuni calciatori, fa in modo che si accettino. Se c'è un gruppo di persone intelligenti nella squadra, quello che chiamo «lo zoccolo duro», il compito si semplifica. Se arriva una testa matta, il gruppo all'inizio fa di tutto per inserirla. Cerca insieme all'allenatore di fargli capire che cosa significa giocare nella squadra in cui è appena arrivato, quali sono i valori inviolabili e i traguardi che ci si pone. Insomma deve cambiare registro per essere accettato e stimato. E questo è il primo avvertimento, poi ve ne può essere un secondo, però al terzo o al quarto tentativo, se il nuovo arrivato non cambia, il gruppo lo espelle, lo mette in un angolo. E la Società, appena può, lo cede.

ROSA ALBERONI  *E l'invidia esiste tra i giocatori?*

MARCELLO LIPPI  C'è, c'è, come dappertutto.

ROSA ALBERONI  *Come si manifesta?*

MARCELLO LIPPI  Siamo sempre lì, alla base di tutto c'è l'intelligenza, una persona intelligente tiene a freno gli impulsi distruttivi. Nella Nazionale, per esempio, l'invidia non c'era.

ROSA ALBERONI  *Parlando ancora di quella mala pianta dell'invidia, la zizzania, cosa si fa per controllarla?*

MARCELLO LIPPI  La zizzania, come dice la parabola evangelica, non si può estirpare, però si può controllare affinché non devasti il gruppo. È compito dell'allenatore vigilare. A me è capitato spesso di doverlo fare. Anche negli ultimi due anni alla Nazionale ho fatto in modo che non venisse fuori. Eppure avevo tutti primi attori: il meglio del Milan, dell'Inter, della Juve... E sa cosa facevo? La prendevo alla larga. Ogni volta che ci ritrovavamo, magari con il sorriso sulle labbra, dicevo: «Ragazzi, non mi rompete le scatole, io ho voglia di parlare, ho voglia di star sul campo, e voi dovete avere pazienza. Capisco che ne abbiate piena l'anima, perché già i vostri allenatori tutti i giorni vi parlano. Ma io non vi vedo da due mesi, ho voglia di parlarvi, di comunicare quello che ho in mente. Voi ora siete la mia squadra, perciò non sbuffate, non m'importa se siete stufi, state zitti e con le orecchie ben aperte».

ROSA ALBERONI  *Immagino che ridessero come pazzi.*

MARCELLO LIPPI  Sì, sì, ridevano, però poi ascoltavano. Ed io ci davo dentro: «Stiamo diventando forti, stiamo crescendo, ma dobbiamo essere contenti di giocare il primo tempo, il secondo tempo. E non fate caso se giocherete la prima partita oppure la seconda. E neppure se l'allenatore vi farà giocare gli ultimi venti minuti. Nessuno di voi deve pensare di essere meno bravo o meno considerato, se gioca il secondo tempo o la seconda partita. Quanto meno baderete alle scelte che farò, tanto più diventeremo forti».

ROSA ALBERONI  *Insomma, si è prodigato affinché non si alimentassero invidie.*

MARCELLO LIPPI    Il mio sforzo maggiore è stato quello di fare in modo che capissero cosa intendevo per squadra. Una squadra che vince. Mi sembra di esserci riuscito. Lo deduco dall'entusiasmo che si scatenava in tutta la panchina, quando un compagno in campo faceva goal: tutti scattavano in piedi e andavano a sotterrarlo di baci, di abbracci. Non ho motivo di lamentarmi, sono stati bravissimi. Ora è chiaro che in una Nazionale, per un periodo breve, è più facile creare certi presupposti, perché l'invidia ha poco tempo per insorgere.

ROSA ALBERONI    *Forse alla Nazionale si va anche con uno spirito diverso.*

MARCELLO LIPPI    C'è uno spirito diverso, però diversa è anche la pubblicità che ne deriva, la più grande che possa avere un calciatore. Durante i Mondiali la Tv è l'occhio del mondo, a chi gioca dà una notorietà planetaria, perciò uno che viene utilizzato meno, in teoria dovrebbe essere invidioso di chi è sempre in campo.

ROSA ALBERONI    *Certo, l'invidia ha una forte motivazione per farsi largo. Però c'è anche l'aspetto positivo nel partecipare ai Campionati del Mondo, che sprona chiunque a giocare sul serio.*

MARCELLO LIPPI    È vero. Vede, quando in una squadra nasce la magia – ho parlato di magia perché poi è

148

diventata proprio una magia – quando in una squadra le cose funzionano così come hanno funzionato da noi, l'entusiasmo, la fiducia l'uno nell'altro, la voglia di essere disponibili tutti, anche solo cinque minuti, quando succedono queste cose l'invidia sparisce e scatta la voglia di vincere. E poi vinci, per questo è importante far parte della Nazionale. Anche se non sei il più bravo poi lo diventi. Una tale esperienza aiuta.

ROSA ALBERONI  *Vi sono espliciti momenti di collera dentro una squadra?*

MARCELLO LIPPI  Collera da parte mia?

ROSA ALBERONI  *Sua, ma anche dei suoi giocatori. Avvengono scatti di collera?*

MARCELLO LIPPI  Sì.

ROSA ALBERONI  *E che succede?*

MARCELLO LIPPI  Niente, non succede niente perché io considero lo scatto di collera una reazione normale, umanamente comprensibile, no? Se uno si trova in uno stato d'animo particolare, il gesto di collera è possibile. In campo talvolta accade, e i mass media, come lei sa, lo ingigantiscono. È importante, poi, che ognuno paghi le conseguenze di quello che ha fatto. Se un calciatore ha uno scatto di collera nei miei con fronti, cerco di comprenderlo. Mi è successo con un giocatore durante i Mondiali, un giocatore particolarmente nervoso, perché stava giocando male. Io l'ho ripreso perché aveva fatto una cosa da non fare, e lui è scattato. A quel punto lì cosa avrei dovuto fare?

ROSA ALBERONI [Risata] *Mandarlo all'inferno.*

MARCELLO LIPPI [Risata] Reazione logica in fisica… come ci dice Galileo Galilei?

ROSA ALBERONI *Ad ogni azione corrisponde una reazione uguale e contraria.*

MARCELLO LIPPI Ma nei rapporti umani non va bene, chi ha i nervi saldi deve rifiutare la provocazione. Il mio ruolo consiste anche nel non cascare nella trappola di un giocatore che reagisce in modo scomposto alla pressione che subisce. Così ho capito il suo nervosismo, gli ho fatto notare che non era il caso che si lasciasse andare a gesti impropri, specialmente in mezzo al campo, che non era da lui. Lui ha capito, è stato zitto, e tutto è finito lì.

ROSA ALBERONI *Passiamo ad un argomento frivolo: il pettegolezzo. Non parlo del pettegolezzo fra calciatori, tutti spettegolano, talvolta per noia o per scaricare l'aggressività accumulata. Vorrei sapere quanto potrebbe incidere il pettegolezzo che proviene dall'esterno, dalle fidanzate, le mogli… magari qualcuna potrebbe dire al proprio uomo: «Sai ho visto la fidanzata di... a spasso con un altro».*

MARCELLO LIPPI   E l'argomento non è per niente frivolo, è maledettamente serio. Un tale pettegolezzo sarebbe devastante, se arrivasse all'orecchio dell'interessato. Metterebbe i calciatori di fronte ad una situazione difficilmente rimediabile. Perché io posso avere amicizia, stima nei confronti di un mio compagno di squadra, ma non posso non difendere mia moglie, se la sua ha calunniato la mia. Se le mogli iniziano a fare confusione, a mettere in giro pettegolezzi maligni, la squadra viene devastata. Allora l'intesa, indispensabile in campo, va a farsi benedire, perché nasce la diffidenza, il rancore, e la sintonia anche fra gli altri giocatori svanisce.

ROSA ALBERONI   *Perché una moglie, sapendo che il marito è invidioso di un suo compagno, potrebbe costruire la calunnia ad arte, senza badare alle conseguenze che ne derivano. In politica, per esempio, è accaduto spesso.*

MARCELLO LIPPI   Su un piccolo gruppo è ancora più devastante, perciò ho paragonato il pettegolezzo ad un uragano. Anche per questo le raccontavo dell'esperienza fantastica che abbiamo avuto noi durante i Mondiali. Vedere ogni giorno, dopo le partite, le famiglie, i bambini, i suoceri – alcuni avevano i genitori – ritrovarsi tutti insieme a cena, a pranzo, è stato molto bello. Si è creata armonia anche tra le famiglie dei calciatori.

ROSA ALBERONI *Questo immagino abbia dato sicurezza anche alla squadra.*

MARCELLO LIPPI Certo. Perciò le dicevo che le mogli e le fidanzate possono essere devastanti se entrano in conflitto fra loro.

ROSA ALBERONI *Le è mai capitato?*

MARCELLO LIPPI Sì, per esperienza le dico che è devastante.

ROSA ALBERONI *E naturalmente non mi direbbe quando e dove è capitato, anche se glielo chiedessi.*

MARCELLO LIPPI No, queste cose non si dicono.

ROSA ALBERONI *È vero che i calciatori preferiscono le donne straniere?*

MARCELLO LIPPI I giocatori stranieri, sì. Gli italiani non mi pare.

*** 

ROSA ALBERONI *Si ricorda un aneddoto divertente riferito ad una sua squadra?*

MARCELLO LIPPI   Sa che non me li ricordo? Posso raccontarle dello scherzo che ho fatto alla squadra della Nazionale. Dietro all'albergo dove eravamo con la squadra, c'era un bel prato con un laghetto di acqua sorgiva, attraversato da un fiumiciattolo, perciò non era inquinato. Ma l'acqua era marrone, perché un po' melmosa, non era molto bello da vedere. Ci nuotavano però pesci molto grossi: carpe, tinche. Il giorno del nostro arrivo, indicando il lago ai calciatori, dissi: «Se andiamo in finale, lo faccio tutto a nuoto, da una parte all'altra». Quando siamo andati in finale, ai calciatori non pareva vero: sono venuti a riscuotere quanto promesso. «Mister, aveva detto che...» «Tranquilli, le promesse le mantengo.» Il giorno prima della finale, avevamo l'allenamento al mattino. Prima della colazione dissi loro: «Dopo l'allenamento, prima del pranzo farò il lago a nuoto». Detto questo, i ragazzi vanno a far colazione, io invece vado in cucina dai cuochi e decido con loro di organizzare uno scherzo. «Avete un bel pesce in frigo?» E il cuoco: «No, come lo vorrebbe lei, non credo ci sia. Venga, le mostro quel che abbiamo». C'erano dei pesciotti piccolini. «No, non vanno bene.» E così, mando un collaboratore, Andrea, in pescheria a comprare un bel pesce grosso. Andrea torna, e con lui osserviamo il laghetto: a due o tre metri dalla riva, c'è un lampione nell'acqua. Mi viene l'idea: «Metti il pesce in un sacchetto legato al lampione con dei sassi dentro, perché altrimenti viene a galla, lo leghi con la lenza, e lo fissi al lampione,

153

sott'acqua, e poi metti una forchetta, costruiscimi qualcosa che rassomigli ad una fiocina, una piccola asta, una forchetta legata, vedi tu». «Va bene, Mister.» Tornati dall'allenamento, salgo in camera a mettermi i calzini. Entrare in quell'acqua mi faceva senso. Raggiungo i ragazzi: «Io vado a pagare la mia scommessa, se volete venire». «Veniamo, Mister, un attimo!» Allora si alzano tutti, qualcuno corre a prendere una cinepresa, poi insieme ad alcuni camerieri, tutti schierati sulla sponda del lago a urlare: «Oooooooohhh!!!». Io mi tuffo, faccio due bracciate e raggiungo il lampione. E tutti: «Eeehh!!! Tutto il lago, Mister, l'ha promesso!». Io giravo in tondo attorno al lampione, e loro facevano le foto. Poi ad un certo momento, vado sott'acqua, riemergo e: «Cosa c'è qui? Caspita! C'è un pesce, un pesce!». Riprendo a muovermi, e subito faccio un salto: «C'è un pesce! c'è un pesce, per davvero! Mi è passato in mezzo alle gambe!». E dico ad Andrea: «Andrea, dammi una fiocina, qualcosa…». Andrea, che era lì, tra le piante, mi butta la fiocina. E allora io vado vicino al lampione, non vedevo niente, l'acqua era scura, ad occhi chiusi frugo, trovo il sacchetto, lo apro e tiro fuori il pesce. Ci infilo la fiocina, muovendo le gambe – il lago non è tanto profondo – così emergo con il pesce. Intanto cerco di muoverlo per far vedere che è vivo perché era già sventrato, era già pulito. I giocatori facevano ressa, non badavano ai particolari. E uno di loro, Iaquinta, dice: «Che fortuna sfacciata ha avuto il Mister, ha preso un pesce!». Poi, dopo, capiscono che era stato messo lì apposta. Raggiungo la riva immaginando la loro faccia. Però, per quattro secondi, ci hanno creduto, perché io comunque ero andato nell'acqua per nuotare e, a un certo punto, è sbucato un pesce. Quando mi hanno mostrato le immagini riprese da loro, si vede benissimo che, uscendo dall'acqua con la testa, io muovo il pesce per farlo sembrare vivo. Dopo due o tre secondi appare il ventre del pesce con il taglio. Però l'effetto è stato grande. La squadra sembrava una banda di adolescenti eccitati. E la cosa che più faceva morir dal ridere era il commento di Iaquinta: «Che fortuna sfacciata, dopo tre secondi trovare un pesce così!». E tutti a prenderlo in giro, perché è un credulone. Anche questo scherzo, le fa capire il tipo di clima che si era creato nella squadra.

ROSA ALBERONI   *Non ricorda uno scherzo che i ragazzi hanno fatto a lei?*

MARCELLO LIPPI   No, non è mai successo.

ROSA ALBERONI   *Sono giovani, ci avranno pensato...*

MARCELLO LIPPI   Gli sarà anche venuto in mente, però non ci hanno provato.

ROSA ALBERONI   *E situazioni disperate, da non sapere che pesci prendere, le sono mai capitate?*

155

MARCELLO LIPPI   No, nei due anni in Nazionale, no.

ROSA ALBERONI   *E prima?*

MARCELLO LIPPI   Neppure. Ribadisco il mio atteggiamento di fronte a qualsiasi difficoltà, e la prego di non considerarla una forma di presunzione: ho sempre usato le situazioni ingarbugliate per cavar il massimo dal gruppo di lavoro. Ho sempre sollecitato l'amor proprio, tirato fuori l'orgoglio, per gestire qualsiasi avversità. Le faccio un esempio. Due anni della mia carriera li ho trascorsi allenando una volta il Napoli e l'altra la Pistoiese. Quando ero al Napoli tutta la squadra non prendeva una lira. A partire da novembre la Società aveva finito i soldi, e non pagava più nessuno. Da novembre a giugno è lunga. Ed io dovevo gestire un gruppo che ogni giorno diceva: «Mister, ma i soldi, i soldi?». Io tante volte ho dovuto inventarmi qualcosa, dicevo una bugia benefica: «Ne ho parlato con il presidente, ragazzi, è roba di qualche giorno». E invece non era vero, non sapevo quando sarebbero arrivati. E tutti i giorni prima dell'allenamento dovevo placare le proteste: «Ma io vado via, vado a lavorare da un'altra parte». «Ragazzi, vi abbraccio, vi saluto, e vi capisco, però ricordatevi che certe occasioni si presentano una volta sola nella vita. Se noi facciamo un bel campionato, la prossima estate tutti i dirigenti delle altre squadre diranno di voi: "Questi qua sono giocatori da portar via subito. Hanno lavorato con serietà, senza ricevere lo stipendio, hanno fatto un bel campionato, figurati che carattere hanno! Sono tosti". Voi avete un'occasione: nella disgrazia dimostrare tutto il vostro valore. Noi dobbiamo trasformare questa grande negatività in qualcosa di positivo, che ora purtroppo non ci serve, ma il prossimo anno ci servirà. Senza contare che i soldi di quest'anno li recupererete, c'è un fondo di garanzia che li garantisce quasi tutti. Certo, con calma, con tutto il tempo burocratico, però vi arriveranno.» E infatti l'anno successivo arrivò il settanta per cento, e poi anche il resto. Questa è stata una situazione veramente disperata, che ho dovuto gestire.

ROSA ALBERONI   *E il campionato come andò a finire?*

MARCELLO LIPPI   Bene. E questa è stata una grande soddisfazione per me, perché sia nel caso della Pistoiese che nel caso del Napoli, alla fine dell'anno ottenemmo un ottimo risultato. A Napoli andammo in UEFA, arrivando sesti. E fu un mezzo miracolo arrivarci, prima di tante squadre importanti come la Roma, l'Inter. E anche a Pistoia facemmo un ottimo campionato. E l'estate successiva accadde proprio quello che io avevo ripetuto ogni giorno ai giocatori: la squadra si sfaldò, ma tutti i giocatori trovarono una collocazione in altre squadre, proprio perché avevano dimostrato di avere carattere, capacità di resistere alle avversità.

ROSA ALBERONI   *Ha mai avuto dei nemici carogne, ma proprio carogne?*

MARCELLO LIPPI   Eh sì, ne ho avuti, e ne ho. E sono anche contento di averli, soprattutto quando vengono allo scoperto, perché penso che nella vita non si possono avere solo amici. Chi crede di non aver nemici vive nella falsità. Abbiamo detto che la totalità dei consensi non l'ottiene neppure il Papa. Eppure il Papa si limita a dare delle indicazioni spirituali, morali, non entra nell'ambito della nostra vita economica, non gareggia nelle attività umane, non fa concorrenza a nessuno, eppure non ottiene la totalità dei consensi. Si figuri se posso avercela io! Oppure lei o un altro professionista. In tutte le attività umane c'è competizione, lotta, e quindi dissenso. Perciò, basta che ognuno faccia la sua vita. E se io so che Tizio non è mio amico, sparla di me, non me ne importa niente. Parla male ed io non gli rispondo, perché non gli do la soddisfazione di ottenere la mia attenzione.

ROSA ALBERONI   *Lei quindi concorda con il detto «Dai nemici mi guardo io, dagli amici mi guardi Iddio».*

MARCELLO LIPPI   Certo. Infatti mi infastidiscono i finti amici, quelli sono brutti, quelli li rifiuto. Poi la parola amicizia, nel gioco del calcio, cambia città molto spesso.

ROSA ALBERONI  *Perché?*

MARCELLO LIPPI  È la logica del mio mestiere. Si crea un rapporto psicologico importante, ma io alleno una squadra quest'anno, poi, tra due anni posso allenarne un'altra. E ogni volta uso i miei concetti, i miei mezzi, cerco sempre di costruire un gruppo che abbia le stesse caratteristiche, però non è detto che ci riesca.

ROSA ALBERONI  *Diciamo che lei cerca di «clonare» un modello di squadra che è tutto suo, però non sempre vi riesce. Presumo che ci siano interferenze esterne.*

MARCELLO LIPPI  Sono diverse e non sono intenzionali da parte di nessuno. Perché il riuscire a raggiungere con un gruppo un livello di sensazioni uguali a quelle raggiunte con un altro, dipende dal tempo che trascorro con le persone che costituiscono il gruppo, dal clima che si crea. E lo stesso vale per gli altri rapporti umani. I rapporti di amicizia, amicizia tra virgolette, nel mondo del calcio è raro che si creino. Sono un qualcosa che assomiglia all'amicizia. C'è stima. I nemici si forgiano per conto loro. Di amici autentici nel mio mondo ne ho solo uno. Lui è l'amico di una vita. Siamo come fratelli perché siamo andati insieme alla Sampdoria nel 1964, siamo cresciuti insieme, abbiamo fatto il militare insieme, e abbiamo giocato insieme, abbiamo cominciato nel settore giovanile insieme. Lui dirigente, io allenatore. Ora ci vediamo di rado, però quando lo incontro è come se l'avessi lasciato ieri. È l'unico amico che ho nel mondo del calcio. Mi restano però gli amici d'infanzia, la mia valvola di sicurezza.

ROSA ALBERONI   *Che però fanno un altro mestiere.*

MARCELLO LIPPI   Eh sì, quelli sono la valvola di sicurezza mia. Non li dimentico mai, ovunque viva, qualunque successo abbia raggiunto, qualsiasi ambiente frequenti, so che non può durare. Mentre l'affetto per i miei amici d'infanzia è rimasto stabile.

ROSA ALBERONI   *Per questo non ha mai lasciato la sua città natale?*

MARCELLO LIPPI   Sì. Ho sempre mantenuto la residenza a Viareggio, perché lì mi sento a casa. Mi sono spostato molto, ho vissuto a Genova per quasi venti anni, ma quando ho avuto un giorno libero sono sempre tornato a Viareggio. Con mia moglie ho continuato a frequentare questi amici. Anche loro si sono sposati, hanno avuto figli, poi nipoti, sono diventati nonni come noi. Continuiamo a stare insieme. Dei miei amici di infanzia chi è oculista, chi medico, uno netturbino, un altro giocava al pallone, un altro ancora lavora nella piazza del mercato. Ognuno fa un mestiere diverso, perché non tutti hanno avuto la stessa fortuna. Ma resteremo amici.

ROSA ALBERONI   *Nelle squadre di calcio c'è egoismo?*

MARCELLO LIPPI   Che ci siano delle squadre in cui ci sono dei gruppi di giocatori più o meno egoisti è probabile. Ma so di certo che non è l'egoismo il principio che gli allenatori cercano di insegnare o inculcare ai calciatori. A meno che non succeda, perché è successo, che un gruppo intelligente accetti anche l'individualismo assoluto di un calciatore. Però, allora, non è lui che sfrutta la squadra, ma è la squadra che sfrutta lui. L'esempio più clamoroso è quello di Maradona.

ROSA ALBERONI   *Maradona?*

MARCELLO LIPPI   Sì, Maradona a Napoli faceva quel che gli pareva: ad allenarsi andava una volta alla settimana, non si presentava al ritiro, insomma agiva come gli garbava. Però ai giocatori stava bene, stava bene a tutti, perché poi lui arrivava in campo, segnava tre goal e vincevano. Ma nessuno si è mai chiesto come ci riuscisse. Tutti volevano bene a Maradona, non solo i tifosi. Gli volevano bene tutti quelli che lavoravano per la squadra, perché era un grande giocatore, ed era generoso. Lui faceva star bene tutti, la sua generosità era smisurata. Allora, il Napoli, quando andava in giro per il mondo, lo doveva a Maradona. Tutti volevano Maradona in campo. Per fare una partita con il Napoli chiunque era disposto a pagare, dico una cifra a caso, un milione di euro se c'era Maradona in squadra, altrimenti solo duecentomila euro. La gente pagava per Maradona. E lui, sapendolo, quando la squadra doveva andare a giocare una partita, per esempio negli Emirati Arabi, diceva alla dirigenza: «Ok, vengo, però date anche duemila euro al magazziniere, duemila euro in più al calciatore tale…». Maradona faceva star bene tutti, perciò tutti gli volevano bene.

Il vero vizio di Maradona è stato quello di non sapersi adattare ad una vita regolare, indispensabile per un calciatore. Il suo carattere individualista ha fatto il resto. Anche l'irlandese, che è morto di recente, George Best, ha fatto lo stesso errore. Ha avuto sempre il vizio del bere, della vita notturna, delle belle donne. L'alcool ha devastato il suo fisico, perché non è mai riuscito a condurre una vita regolata, adatta ad un calciatore come a qualsiasi atleta.

ROSA ALBERONI   *Non crede che a Best abbia fatto male anche l'eccesso di denaro?*

MARCELLO LIPPI   Io credo che i soldi facciano male a chi non li ha mai avuti. Soprattutto a chi svolge un lavoro di un certo tipo, e non si rende conto che ha una durata limitata, perciò continua a sperperare il suo talento, la sua capacità, conducendo una vita assurda. Assurda anche per una persona qualsiasi, figuriamoci per un campione dello sport.

ROSA ALBERONI   *Vite assurde e rovinose ne ricordo di più nel pugilato.*

MARCELLO LIPPI   È vero. E il massimo della rovina è quando un pugile ritorna sul ring, perché non ha più una lira, ha sperperato tutto ed è costretto a tornare, magari non essendo in forma, Torna sul ring e si gioca la vita, rischia la vita. È successo tante volte.

ROSA ALBERONI   *Accade perché non hanno la forza morale, al di là dell'istruzione che potrebbe contare poco, basta ricordare Giacinto Facchetti che si è comportato da grande campione nella vita e nello sport.*

MARCELLO LIPPI   È vero, è vero. L'istruzione è una cosa, l'intelligenza un'altra, come il talento, uno ce l'ha o non ce l'ha, è innato. Però bisogna saperlo gestire, farlo fruttare.

ROSA ALBERONI   *Proprio come ci insegna la* Parabola dei talenti. *È nell'uso del talento il segreto di alcuni calciatori che durano a lungo, mentre altri passano come meteore.*

MARCELLO LIPPI   Purtroppo è umano. Uno ha grandi doti ma poi se non le allena, non le protegge con una vita rigorosa, le sperpera, non si scappa. Un calciatore, in modo particolare, dovrebbe avere l'intelligenza per capire che le qualità innate, quindi donate, le può adoperare per poco tempo, non è uno scrittore o un musicista. E invece, spesso, si lasciano prendere la mano, non hanno la forza di tenere a freno gli impulsi distruttivi. E così sprecano, in una sorta di grande orgia, il dono ricevuto. Si comportano come alcuni uomini che si sono abituati ad avere sempre mille donne. Poi arriva il giorno in cui non hanno più la capacità di averle, si sentono finiti, persi, perché non hanno coltivato la forza interiore, e il loro spirito è divenuto fragile. Non hanno curato aspetti della vita che sono molto più importanti.

ROSA ALBERONI *Il mondo patinato in cui vivono, sempre sotto i riflettori, e le donne che li accerchiano... cadere in tentazione è facile. Se facessero il marinaio o il muratore...*

MARCELLO LIPPI ...sarebbe difficile avere tante donne disponibili. Però il marinaio ha dei vantaggi: sa trovarsi la donna giusta per la vita e gestire le sue forze. Mentre gli atleti prodighi, quando si accorgono che non sono più in grado di condurre la stessa vita, non sanno a cosa aggrapparsi. E in più non sanno stare da soli.

ROSA ALBERONI *Lei sa stare solo?*

MARCELLO LIPPI Io sto moltissimo da solo.

ROSA ALBERONI *Che posto occupa il denaro nella sua vita?*

MARCELLO LIPPI Il posto che merita. Partiamo dal

fatto che io vengo da una famiglia modesta ma dignitosa. Come calciatore non ho guadagnato moltissimi soldi, perché sono stato un calciatore medio, quindi non avevo messo da parte quel tanto che potesse bastare per costruirmi un futuro. Allora ho cominciato a fare l'allenatore, che è lo sbocco naturale di un giocatore. Soldi ne ho guadagnati quando ho cominciato ad allenare le grandi squadre. Però, la mia vita non è cambiata molto. Certo, adesso ho una bella casa, non ci facciamo mancare niente, ma non li buttiamo via i soldi. Come le ho detto sono innamorato del mare in una maniera spropositata. Sin da ragazzino andavo al molo, vedevo passare le barche, il mio sogno era quello di comperarmi una barca. Prima di approdare all'allenamento delle grandi squadre come la Juventus, ho cominciato ad immaginare di comperarmi una barca, ma quando riflettevo a quanto costa una barca dignitosa, mi dicevo sempre: «Ma è tanto! Con questi soldi ci compro un appartamento. Buttarli via per una barca...». Poi, arrivato un certo successo, è migliorato anche il guadagno, e i miei figli e mia moglie mi hanno detto: «Ma perché adesso non ti togli la soddisfazione di avere la barca? Non hai mai avuto automobili lussuose, né un abbigliamento ricercato, permettiti un capriccio una volta!». Così mi sono comperato la barca, avevo circa cinquant'anni. La prima barca l'ho pagata duecento milioni di lire, non era una cifra spropositata. Comunque ho realizzato il sogno della mia infanzia. Ed anche i miei figli hanno imparato che i soldi si guadagnano con fatica e si spendono con prudenza.

*\*\**

ROSA ALBERONI  *Spesso si legge: il giocatore Tizio prende dieci milioni di euro all'anno, Caio dodici. I media danno sempre le cifre lorde, non dicono che metà vanno in tasse, però sono quelle che si fissano nella mente della gente. Le chiedo, dal punto di vista puramente morale, è giusto che i giocatori vengano pagati così tanto?*

MARCELLO LIPPI  Capisco perfettamente che, da un punto di vista strettamente morale, certi guadagni possano sembrare esagerati. Però io sono assolutamente convinto che i migliori, i top di qualsiasi settore, debbano essere pagati bene. I piloti rischiano la vita, e in più danno molto a livello d'immagine alle case automobilistiche. I manager conducono una esistenza stressata e possono anche bruciarsi per i motivi più svariati, ed allora escono di scena. Sono d'accordo invece con la gente, quando si riferisce ad un calciatore medio. Lì, a mio avviso, ci sono delle esagerazioni. Sono pagati troppo dei giocatori che vengono valutati molto bravi, ma in realtà non è così, perché non sono particolarmente utili alla squadra. E, quindi, non si giustifica il prezzo che i Club pagano per averli. I giocatori top, invece, devono essere pagati in relazione al tipo di movimento economico che produce la loro presenza in squadra, il loro atteggiamento, la loro opera. Capisco quanto sia difficile per la gente, che fatica a vivere, accettarlo nel proprio cuore. Le cifre che guadagnano i campioni, i fuoriclasse, rapportate al compenso di chi lavora in altri settori produttivi, appaiono spropositate, non ci sono dubbi. Ed è umano che questo avvenga.

ROSA ALBERONI   *I migliori, persone di alto livello culturale, ci sono per esempio anche nell'ambito universitario, ma là non viene applicata la stessa regola che vige nello sport o nel management. Impera il criterio di uguaglianza che produce la più grande ingiustizia sociale in quasi tutte le attività.*

MARCELLO LIPPI   Anch'io, sentendone parlare, ho sempre pensato che sia un'ingiustizia. Che, dico un nome a caso, Carlo Rubbia riceva lo stesso stipendio di un professore sconosciuto, lo trovo assurdo. Per il mondo del calcio, tuttavia, è doveroso fare una considerazione. Che è questa: per diventare calciatori professionisti, bisogna dedicare la propria vita al calcio, praticamente dai diciassette, diciotto fino ai trenta, trentacinque anni. E per diventarlo è necessario dedicarsi totalmente al gioco, perché è quasi impossibile, e raramente succede, che uno possa nel contempo completare gli studi o imparare un mestiere e giocare. Il gioco del calcio è una Divinità totalizzante, che esige una dedizione fisica e mentale costante e completa. Gli anni che un calciatore dedica al gioco sono quelli in cui un uomo si costruisce una vita, studiando o imparando un mestiere, che gli permetta poi di lavorare e mantenere la sua famiglia. Un calciatore se non guadagnasse tanto, se guadagnasse il giusto concepito dalla gente, sarebbe rovinato, perché quando smette non saprebbe di cosa vivere. La sua carriera è breve, non va dimenticato.

ROSA ALBERONI  *Personalmente penso che nulla ci viene regalato, tranne la vita. Per questo voglio bene ai giocatori. L'importante è che, quando sono in campo, si comportino da campioni. Però per scacciare il fantasma del «calciatore ricco» dall'immaginario popolare, va ricordato anche che le cifre, che danno vertigini alla gente, le ottengono pochi giocatori, rispetto alla moltitudine che compongono le varie squadre. Almeno questo è quel che io ho capito seguendo i media.*

MARCELLO LIPPI  Ed è vero. Le cifre che danno il capogiro vengono date ad alcuni calciatori per quattro, cinque, sei anni. Di giocatori che fanno una vita da nababbi, per aver guadagnato così tanti soldi, ce ne sono pochissimi. Si possono contare sulle dita di una mano. Quindi, occorre sfatare il mito dei calciatori nababbi, viziati, perché è questo fantasma che talvolta crea aggressività verso le squadre che non vincono sempre, come pretendono alcuni gruppi di tifosi. Una cosa che mi dà ancora più fastidio, è l'interesse che c'è nei confronti dei calciatori o dell'allenatore, dei campioni dello sport in genere, oppure di alcuni conduttori televisivi, mentre vengono ignorate altre persone altrettanto importanti. O forse di più.

ROSA ALBERONI   *Mi faccia un esempio.*

MARCELLO LIPPI   Questa estate sono stato invitato ad un dibattito alla Versiliana a favore dell'OPA, l'ospedale di cardiochirurgia infantile che c'è vicino a Marina di Massa. Seduto accanto a me c'era un cardiochirurgo, un primario che si chiama Mussi, e c'era anche un altro cardiochirurgo pediatrico milanese. Queste persone hanno informato il pubblico del progresso fatto nel loro campo: adesso operano i bambini malati di cuore nell'utero della madre. La notizia mi ha entusiasmato. Poi riflettendo ho pensato: è ingiusto che la gente, quando io o i calciatori siamo all'aeroporto o per strada, ci riconosca, ci chieda gli autografi, le foto insieme, ci venga ad osannare, ad idolatrare, mentre persone come quei chirurghi, che hanno dedicato la vita alle ricerche, allo studio per salvare vite umane, quando passano tra la folla, non ce n'è uno che le riconosca. Non ce n'è uno che le ringrazi. Be', questo mi dà fastidio. Lo trovo ingiusto. Come trovo ingiusto che nessuno ringrazi i professori ai quali noi genitori affidiamo la formazione dei nostri figli.

ROSA ALBERONI   *Noi professori, però, un tifoso l'abbiamo, si chiama Marcello Lippi. È già qualcosa.*

MARCELLO LIPPI   Apprezzo la sua ironia.

\*\*\*

ROSA ALBERONI   *Si è mai trovato in una situazione in cui l'individualismo o la competizione fra giocatori le abbiano creato un ostacolo tale da metterla alle corde?*

MARCELLO LIPPI   No, e lo dico con grande sincerità che potrebbe sembrare anche assolutoria. Dovunque ho lavorato, anche là dove non ho avuto grandi risultati, sono sempre riuscito a creare un rapporto di grande complicità con la squadra. Quando non abbiamo avuto successo è perché ho sbagliato io o nella scelta dei giocatori, o nella scelta tecnica, nel lavoro, nella formazione. Oppure hanno sbagliato i giocatori, perché stavano attraversando un periodo negativo dal punto di vista tecnico. Umanamente, invece, non ho mai avuto problemi con il gruppo. Sono sempre riuscito ad instaurare un rapporto di stima e di grande complicità. Anche quando ho allenato l'Inter, avevamo cominciato male il secondo anno, ed io fui esonerato per una frase infelice.

ROSA ALBERONI   *Quale frase? Non mi ricordo.*

MARCELLO LIPPI   Avevamo perso la partita a Reggio Calabria, io ero furibondo. Mi era venuta in mente una frase e la dissi. Io sono fatto a modo mio, posso girarci intorno, posso andare a fumarmi un sigaro, ma alla fine la tiro fuori. In conferenza stampa dissi: «Se io fossi il presidente dell'Inter, manderei via subito l'allenatore, che sono io, e poi darei tanti di quei calci nel culo ai giocatori... Perché se un allenatore non è capace di far capire ai propri giocatori che non devono commettere certi errori, come quelli di oggi, bisogna mandarlo via». Era questa la mia convinzione, e quindi per onestà dovevo prima di tutto applicarla a me stesso, non si scappa.

ROSA ALBERONI  *E Moratti si arrabbiò.*

MARCELLO LIPPI  Si arrabbiò sì, perché, secondo lui, avevo esagerato. Eh, però si era creata una situazione insostenibile. Ma anche in quel caso con i giocatori avevo un buon rapporto.

\*\*\*

ROSA ALBERONI  *Durante i Mondiali ha avuto a che fare con le squadre di molte Nazioni. Saprebbe darmi una definizione buffa di almeno una Nazione? Che so la Francia.*

MARCELLO LIPPI  Una definizione, tanto per scherzare?

ROSA ALBERONI  *Certo, tanto per scherzare.*

MARCELLO LIPPI  La Francia... il Paese del vino. Se lo chiamiamo dello champagne è troppo facile... no, non è la mia partita, mi riesce difficile scherzare con le Nazioni. Posso invece dire che, negli anni, ho avuto dei rapporti molto intensi con la Francia, con il presidente della Federazione, con l'allenatore. Nel '98 la Francia vinse i Mondiali e l'allenatore era Aimé Jacquet. Io allora allenavo la Juventus, avevo in squadra Deschamps e Zidane, due calciatori francesi, chiamati in Nazionale. Ho avuto dei rapporti ottimi con i francesi, tanto è vero che il presidente della Federazione mi invitò a Parigi, ad un simposio, e mi fece i complimenti per la collaborazione che avevo dato loro. Tra i francesi ho conosciuto persone di grande qualità, di grande umiltà, e persone molto spocchiose.

ROSA ALBERONI   *E le caratteristiche dei calciatori francesi?*

MARCELLO LIPPI   I calciatori francesi sono molto dotati tatticamente. Un altro aspetto che bisogna riconoscere al calcio francese, è la grande qualità dei loro settori giovanili. La formazione dei giovani calciatori è di ottima qualità. Questo è un aspetto positivo dei francesi. Quello negativo è che i loro giocatori, quando diventano adulti, cioè quando dovrebbero entrare a far parte delle grandi squadre francesi, vanno a giocare all'estero.

ROSA ALBERONI   *Li allevano per offrire il frutto ad altre Nazioni.*

MARCELLO LIPPI   Sì, li allevano, poi il frutto lo riutilizzano solo a livello di Nazionale, perché i loro talenti vanno a giocare fuori. Il motivo non è solo economico, infatti mi diceva l'allenatore della Nazionale francese: «Da quando i miei giocatori gareggiano nelle squadre italiane, sono migliorati nella personalità, nella determinazione e voglia di vincere. Hanno acquisito una grinta incredibile. Voi italiani ci avete fatto un grande favore, perché avete temprato il carattere, la personalità dei nostri giocatori migliori».

ROSA ALBERONI   *Quindi si accontentano di chiamarli per difendere la bandiera francese nei Mondiali. Se dovesse individuare un difetto nelle squadre francesi, quale potrebbe essere?*

MARCELLO LIPPI   A livello della Nazionale, dal punto di vista calcistico non hanno grandi difetti. Hanno degli ottimi calciatori, una buona organizzazione di gioco, spesso vincono. No, non saprei trovarne.

ROSA ALBERONI   *E la Germania come si colloca nei Mondiali? I tedeschi più di tutti tengono alla propria identità nazionale. L'inno stesso lo rivela: «Deutschland, Deutschland über alles».*

MARCELLO LIPPI   La forte identità tedesca indicata dall'inno ingigantisce a dismisura quello che ha fatto la Nazionale italiana nei Mondiali. Noi, pur conoscendo la grande determinazione dei calciatori tedeschi, la grande convinzione, il grande carattere, la grande tradizione di quella Nazione, siamo andati a vincere a casa loro, di fronte a settantamila spettatori tedeschi, e nello stadio considerato lo stadio bunker, dove non hanno mai perso. C'era un'asprezza innegabile nei nostri confronti. Nella semifinale allo stadio cinquemila italiani, appena aprivano bocca, venivano zittiti dagli indigeni. Noi siamo andati lì a giocare, in quell'atmosfera, eppure abbiamo dimostrato una personalità, un'autorità sul campo, e abbiamo vinto meritandocelo. In certi momenti abbiamo giocato meglio di loro, e facendogli vedere che non avevamo nessun timore. Comunque i giocatori della Nazionale tedesca, quando ci sono grandi manifestazioni – possono passare due anni nei quali le squadre dei Club non vincono niente, possono attraversare dei momenti di crisi, come tutte le squadre del mondo – quando arrivano alle manifestazioni mondiali, diventano protagonisti. O vanno in finale o arrivano secondi, o terzi. Ci sono sempre.

ROSA ALBERONI  *È vero, però ho visto che giocano con asprezza, il volto teso, mirano alle gambe degli avversari, insomma mettono troppa rabbia nel gioco.*

MARCELLO LIPPI  Forse i giocatori sentono la grande responsabilità che pesa sulle loro spalle. E diventano aspri. Rispetto a noi hanno qualcosa in meno sul piano dell'organizzazione di gioco, e dell'evoluzione tattica. E lo sanno, perciò dicendo questo non credo che si offendano. Però hanno qualcosa in più sul piano delle soluzioni del gioco, hanno una grande compattezza, una grande identità. Lo si percepisce nel momento in cui suona l'inno, che è molto bello, c'è una fierezza nei calciatori, c'è la coscienza della responsabilità di quello che stanno per fare. Quella fierezza non così evidente in altre squadre.

ROSA ALBERONI   *Loro, non dimentichiamolo, sono venuti a vincere i Mondiali a Roma nel 1990, e noi non siamo stati aggressivi nei loro confronti.*

MARCELLO LIPPI   Sì, ma non giocavano contro di noi.

ROSA ALBERONI   *Li guidava Beckenbauer in quella occasione. Ricordo che sfilavano per le vie di Roma con le automobili decappottabili, e gli italiani sportivamente applaudivano. Avevano vinto ed era giusto che si applaudisse il vincitore. È una gara sportiva, non dobbiamo dimenticarlo mai.*

MARCELLO LIPPI   Però, ad essere sinceri, devo dire che il loro ostracismo nei nostri riguardi mostrava che avevano paura, perché loro, nelle grandi competizioni, con l'Italia non hanno mai vinto.

ROSA ALBERONI   *È vero, nei Mondiali giocati in Italia nel '90 hanno vinto contro l'Argentina. Anzi, direi contro Maradona.*

MARCELLO LIPPI   Devo dire che, dopo la vittoria, anche loro si sono comportati sportivamente. Vinta la gara, non c'è stato un tedesco che non abbia detto: «Complimenti, avete giocato bene, avete vinto, bravi!». Sono stati onestamente seri nel riconoscerci la vittoria. Certo, prima e durante la semifinale, i tifosi hanno messo in atto la guerriglia psicologica, per cercare di diminuire le nostre potenzialità, per intimorirci. Ma dopo hanno riconosciuto, molto onestamente, la nostra vittoria. Anche le persone per strada si complimentavano con noi. È un segno di grande civiltà.

\*\*\*

ROSA ALBERONI  *Sappiamo che l'Inghilterra, la Russia, la Germania, la Francia, l'Italia hanno avuto negli ultimi cento anni storie differenti: hanno cambiato le forme di governo, e quindi hanno avuto organizzazioni sociali diverse. Però i francesi sono rimasti francesi, gli italiani italiani, i russi sono rimasti russi, i tedeschi tedeschi, gli inglesi sempre inglesi. Voglio dire: le squadre che esistono da molto tempo, al di là delle disavventure politiche, al di là degli allenatori che si sono alternati nel tempo, che abbiano vinto o perso, a me sembra che abbiano qualcosa di unico. Lei ne ha conosciute tante, quindi mi può dire che cosa caratterizza le squadre di ciascuna Nazione?*

MARCELLO LIPPI  È vero. Le caratteristiche che durano nel tempo sono legate ai giocatori e alla tradizione della squadra, al loro modo di essere. Il Milan, per esempio, ha avuto nella sua storia calciatori sudamericani importanti, come Schiaffino, Sani, Sormani, ed altri. La Juventus ha avuto grandi giocatori europei: tedeschi, francesi ecc. Il Milan è caratterizzato da un calcio tecnico, la Juventus ha puntato invece sulla determinazione, sulla grinta. E questo uno dell'ambiente lo capisce. Infatti, il giocatore che arriva alla Juventus dice: «È come me la immaginavo, grande organizzazione, rispetto, determinazione, umanità, grandi allenamenti». Mentre il Milan ha puntato di più sulla tecnica e quindi sulla spettacolarità.

ROSA ALBERONI   *E le squadre europee?*

MARCELLO LIPPI   Delle europee il Real Madrid è quella più facile da decifrare. Il Real cerca di costruire una squadra altamente tecnica, mira ad ottenere uno spettacolo tecnico di prim'ordine, perciò mette in campo un sacco di grandi giocatori. Questa scelta strategica spesso produce risultati positivi, ma non sempre. Dall'esterno alcuni cercano di far capire alla dirigenza che la loro squadra non ha equilibrio, troppi giocatori tecnici, quindi avrebbe bisogno di un bilanciamento. E invece loro vanno avanti per la propria strada. Così non sempre trovano l'equilibrio.

ROSA ALBERONI   *E in Germania?*

MARCELLO LIPPI   Il Bayern Monaco rassomiglia molto alla Juventus: ha grande tradizione, organizzazione, solidità economica. E questo dà una immagine di forza, di potenza fisica, e di grande struttura. Anche dal punto di vista del marketing è all'avanguardia. È la squadra che tende ad accumulare il patrimonio del sapere calcistico nazionale. Infatti è là che si collocano gli ex grandi giocatori, come Rummenigge, Beckenbauer. I grandi giocatori trovano posto nell'ambito della dirigenza del Bayern. Le squadre europee comunque hanno una grande tradizione, un sapere nel proprio granaio, puntando sia sulla coesione del gruppo, sia sulla tecnica.

ROSA ALBERONI   *Nelle gare internazionali, se le squadre straniere apportano dei cambiamenti, sono visibili?*

MARCELLO LIPPI   Si vedono nei Mondiali, perché in quei casi alcuni grandi cambiamenti si notano, ma non è detto che nel loro Paese siano graditi sempre. Perché, ad esempio, qualche anno fa il Brasile aveva cominciato a capire che alla sua grande capacità tecnica doveva aggiungere la forza del gruppo, perciò aveva cercato di europeizzarsi. Ma poi, quando ha visto che il cambiamento non pagava più come prima sul piano dei risultati, ci ha ripensato. E è tornato a privilegiare lo spettacolo, tanto gradito ai brasiliani, perché quella è la specificità della loro tradizione. Pur rischiando di perdere i Mondiali, sono tornati al loro modo di essere. Il Brasile ha tantissimi campioni, è la squadra che ne ha di più nel mondo. Però, quando si confronta con le squadre europee, rischia perché, se i suoi campioni non sono in forma in quel periodo, perdono, come è accaduto negli ultimi Mondiali.

ROSA ALBERONI   *Perdono perché non sono davvero una squadra?*

MARCELLO LIPPI   Sì, ma se sono in forma vincono sempre, sono imbattibili. Quando non sono in forma i campioni perdono, perché è difficile che una squadra che punta sulla tecnica abbia anche una grande organizzazione di gioco. L'ottima organizzazione di gioco la si ottiene lavorando molto sul campo, lavorando sulle esercitazioni tecnico-pratiche. E la voglia di stare in campo ad allenarsi, a fare quel tipo di allenamento, i grandi campioni non ce l'hanno.

ROSA ALBERONI   *Sono individualisti come Maradona, per intenderci.*

MARCELLO LIPPI   Più o meno. Essendo individualisti, quando sono in forma vincono, ma se non lo sono, si trovano a non avere un supporto, nell'organizzazione di gioco, che permetta di sopperire alla prestazione poco brillante dei campioni. Ma è la loro tradizione.

ROSA ALBERONI   *E le inglesi, quali caratteristiche hanno?*

MARCELLO LIPPI   L'Arsenal, il Manchester United, il Chelsea, danno molto e poi hanno un investimento di capitali altissimo. L'Arsenal e il Manchester United hanno una grande tradizione, però negli ultimi tempi hanno subìto una notevole trasformazione. Più di tutte l'ha avuta l'Arsenal, per un motivo semplice: pensi che su ventitré, ventiquattro giocatori solo due o tre sono inglesi, in prevalenza sono italiani, francesi, olandesi. Persino l'allenatore è francese.

ROSA ALBERONI  *Una sorta di Legione straniera.*

MARCELLO LIPPI  Comunque sia, non rappresentano l'espressione del calcio inglese. Fa eccezione il Manchester, che ha saputo trasformarsi tenendo alta la bandiera inglese. E questo è dovuto non tanto alla nazionalità dei giocatori, ma all'intelligenza dell'allenatore, Alex Ferguson, uno dei migliori allenatori che ci siano oggi in Europa. E quando si dice Europa nel calcio vuol dire nel mondo, perché i tecnici europei sono i più bravi oggettivamente. È Ferguson che ha avuto l'agilità mentale e la brillantezza di idee di cambiare la sua squadra che continuava a giocare in modo tradizionale, metodico. I calciatori molto alti, colpi di testa, lanci lunghi, cross, insomma la specificità del giocare del calcio inglese. Ferguson, visto che la squadra vinceva a livello nazionale, ma in Europa no, ha cambiato molto la tattica, il modo di giocare, e ne ha fatto una squadra molto più completa. Infatti, poi, ha vinto in Inghilterra, ma anche in Europa.

ROSA ALBERONI  *Mi sembra che Ferguson guidi il Manchester da venti anni. È vero?*

MARCELLO LIPPI  Sì, perché Ferguson è l'emblema del significato autentico di manager. Lui non è solo allenatore, è il manager del Manchester. Deve sapere che il ciclo di qualunque squadra dura quattro, cinque anni, non di più. Nel ciclo si investe l'età migliore di un calciatore, perché a ventisei, ventisette anni un giocatore ha l'esperienza necessaria, ha forza fisica ancora integra, se non ha avuto infortuni. Passato il ciclo, la grande forza del manager sta nel poter rinnovare la squadra, nel comprendere quali sono quei quattro, cinque punti nella squadra che vanno rinnovati, mantenendo sempre le stesse dosi giuste: l'esperienza, la tradizione, l'esuberanza fisica. E Ferguson ha già gestito parecchi cicli nella sua squadra. E ha potuto farlo perché non è solo l'allenatore del Manchester, ma è anche colui che compra i giocatori, gestisce il budget, stipula i contratti con i giocatori. In Italia non esiste una figura simile. In Italia c'è il direttore generale, l'amministratore delegato, l'allenatore. L'allenatore fa solo l'allenatore. In Inghilterra il manager-allenatore fa tutto, è lì che dimostra la sua bravura. Ferguson con i suoi collaboratori, durante l'anno, va ad osservare tutti i calciatori emergenti in Europa, in Sudamerica. Quindi, oltre a pensare ad allenare, e a vincere, a tenere sotto controllo il budget, deve anche cercare calciatori per il futuro. E questo è specifico del calcio inglese. L'allenatore-manager è inglese.

ROSA ALBERONI   *Gli arbitri, come sono?*

MARCELLO LIPPI   Per parlare degli arbitri, torniamo a casa nostra. In Italia abbiamo tanti quotidiani, tante trasmissioni, come in nessun Paese al mondo. La vera partita non è quella che giocano in campo i calciatori la domenica pomeriggio, ma è quella che giocano gli esperti sui giornali, nelle trasmissioni televisive, con le moviole. La partita, da noi, comincia il lunedì mattina e finisce la domenica mattina. L'arbitro viene vivisezionato e dato in pasto all'opinione pubblica come una persona incapace. E talvolta con delle critiche ancora più pesanti, come se fosse condizionato da chissà chi. Si immagini con quale stato d'animo gli arbitri italiani vanno in campo la domenica di fronte a cinquanta, sessantamila persone. E dopo subiscono il giudizio di milioni di lettori, di spettatori davanti ai quali vengono messi sulla graticola dal lunedì alla domenica. Arbitrare in Italia è la cosa più difficile al mondo. Gli arbitri italiani, forse perché sono costretti a subire una pressione pubblica così esagerata, sono i più bravi al mondo.

ROSA ALBERONI   *Sarà. Ma io sono arrivata a questa conclusione: la specificità italiana è il masochismo. Il vero sport degli italiani è distruggere chi emerge in qualunque attività. L'istinto di distruggere i nostri talenti, i nostri geni, si attua in tutti gli ambiti della vita. È successo e succede in politica, in letteratura, nell'arte, ovunque. Ricordiamoci che Dante è morto in*

182

*esilio, Colombo è dovuto andare in Europa a mendica-*
*re le navi, Michelangelo ha avuto Santa Romana Chie-*
*sa. Il detto di Gesù* Nemo propheta in patria *ci calza a*
*pennello. Questo avviene perché molti italiani non*
*pensano a svolgere da cristiani il proprio mestiere, ma*
*vorrebbero fare quello dell'altro. E, non potendo, di-*
*struggono chi vorrebbero emulare. Anche una profana*
*del calcio, come sono io, capisce che Collina è l'arbitro*
*più bravo del mondo. Eppure...*

MARCELLO LIPPI     Lo è. È l'arbitro più bravo e ha arbitrato partite in tutto il mondo. Ribadisco, i nostri
arbitri sono i più bravi al mondo. È chiaro che ci sono anche alcuni tedeschi, olandesi molto bravi. Però
in Italia devi esserlo di più, proprio per la pressione
collettiva che sei costretto a subire.

ROSA ALBERONI     *Collina è di Viareggio?*

MARCELLO LIPPI     Collina proviene da Bologna, ma
vive a Viareggio, ha sposato una viareggina. Collina è
stato per cinque anni il più bravo del mondo, riconosciuto da tutti come tale. Ha arbitrato una finale
mondiale, una finale olimpica, tutte le partite più importanti del calcio. I nostri arbitri sono più bravi prima di tutto tecnicamente, ma anche ad interpretare i
regolamenti calcistici. Bisogna sapere che oggi molte
regole sono legate all'interpretazione dell'arbitro,
non c'è una regola precisa che dice: qui c'è il calcio
di rigore e là no. È la personalità dell'arbitro che

conta, perché una volta può esserci la simulazione, un'altra il giocatore cade perché è stato effettivamente spinto, non in maniera vistosa, ma neanche tanto poco da non giustificare la caduta. Sono loro che devono vigilare, interpretare, capire veramente ed essere equi. È difficile in qualsiasi Paese arbitrare, però non per tutti i popoli l'errore è visto come una tragedia greca. In Italia, invece, ogni minimo errore diventa il soggetto di una tragedia. Così arbitrare da noi è diventato il mestiere più difficile del mondo.

ROSA ALBERONI   *E fra allenatori ed arbitri, vi conoscete, vi frequentate, potete bere un caffè insieme qualche volta?*

MARCELLO LIPPI   Ci vediamo sul campo. È raro fuori dallo stadio. Collina ed io abitiamo a Viareggio, un giorno, anni fa, ci siamo incontrati sulla passeggiata a mare, e abbiamo bevuto un caffè insieme. Pensando alle malelingue ci siamo detti: «Be', se non possiamo neppure prenderci un caffè al bar, è meglio cambiar mestiere». In altre Nazioni ci sono degli arbitri che vanno ad allenarsi con le squadre. E questo sarebbe da incentivare anche in Italia. Che l'arbitro durante la settimana possa allenarsi è importante. È chiaro che se uno vive a Firenze non può arbitrare la squadra della sua città, però allenarsi con i giocatori della Fiorentina, sì. I calciatori durante la settimana stanno insieme, si allenano insieme, mentre gli arbitri non si allenano tecnicamente con la squadra. Se anche gli arbitri durante la settimana potessero fare delle esercitazioni tecniche, con le squadre di Serie A, sarebbe utile, educativo. Gli arbitri di Milano potrebbero qualche volta allenarsi con i giocatori del Milan o dell'Inter, e così via.

ROSA ALBERONI  *Le squadre di altri continenti, come Africa, Asia, stanno dimostrando anche loro delle capacità importanti?*

MARCELLO LIPPI  Enormi. Dal punto di vista atletico gli africani sono eccezionali. Sono forti, resistenti fisicamente. Una volta sono stato invitato ad un congresso, in cui gli esperti spiegavano le cause della superiorità della resistenza fisica degli africani rispetto agli europei. La resistenza delle cartilagini rispetto alla muscolatura, ai tendini. I nostri giovani hanno molti problemi, perché giocando a pallone si sviluppa la muscolatura. E talvolta viene fuori che la muscolatura è troppo sviluppata in rapporto alle cartilagini e ai tendini. Dicevano che gli africani hanno le cartilagini più forti, perché vivono di più al sole, prendono molti raggi ultravioletti, per ragioni di clima e di vita trascorsa all'aria aperta, per strada. Dal punto di vista atletico sono forti, perché giocano al pallone tutto il giorno. D'altra parte anch'io quando ero ragazzino giocavo in pineta tutto il giorno. Quando sono entrato in una squadra mi sono accorto che avevo imparato a scartare, a far la finta, a trovare la coordinazione dei movimenti bruschi, altrimenti sarei andato a sbattere contro un pino. Avevo appreso certi movimenti per necessità. Oggi i nostri giovani imparano a giocare in un campo di calcio due volte alla settimana. Per quanto bravi siano gli istruttori, il bambino non impara a giocare, e soprattutto non diventa resistente alla fatica, agli sforzi. Gli africani imparano il gioco del calcio come facevamo noi un tempo, però non hanno la furbizia, la scaltrezza dei nostri calciatori. Negli ultimi dieci anni gli africani hanno fatto tutti passi da gigante. Quelli più bravi sono venuti a giocare in Europa. E giocando in Francia, Inghilterra ecc. poi vengono chiamati per i Mondiali nelle loro Nazionali. Squadre importanti nei Club africani ancora non ce ne sono. Però quando incontriamo le Nazionali di Senegal, Camerun, Costa d'Avorio, fatichiamo perché hanno quei campioni che abbiamo allenato e plasmato in Europa.

ROSA ALBERONI  *E gli asiatici?*

MARCELLO LIPPI  Calciatori asiatici cominciano a vedersi anche in Europa, ma pochi. Mentre le squadre prendono degli ottimi allenatori europei, che portano in Asia il sapere tecnico-tattico europeo. I cinesi, i giapponesi, i coreani, hanno questa caratteristica: sono piccoli, rapidissimi, corrono tanto, sono imprendibili. Sono bravi tecnicamente, perché si attengono scrupolosamente alle indicazioni degli allenatori. Poi, commettono degli errori che permettono a noi europei di vincere, però ci mettono a dura prova. Non dimentichiamoci che nei Mondiali del 2002 noi italiani abbiamo perso proprio con la Corea, nei quarti di finale. Mentre la Corea è arrivata in semifinale, tra le prime quattro squadre del mondo. Un risultato eccezionale, visto che non hanno la tradizione del gioco del calcio. Se noi europei giocassimo dieci partite contro di loro, ne vinceremmo otto e ne perderemmo due, forse. Il sapere accumulato dalla tradizione conta molto. Però possiamo perdere, perché hanno caratteristiche di grande mobilità, velocità e resistenza fisica alla fatica, che i nostri giovani non sempre hanno.

ROSA ALBERONI   *E i Paesi dell'Europa dell'Est come li vede?*

MARCELLO LIPPI   Sono molto bravi e molto inquadrati. Da ragazzini quando lavorano con l'allenatore sono metodici, di conseguenza imparano subito ad avere una organizzazione molto importante. Faccio un esempio: se prendi un giocatore italiano, o spagnolo o francese, lo metti di fronte al muro a fare degli esercizi, ti fa dieci tocchi sul muro, poi ti fa il colpo di tacco, la curva, poi si gira, insomma ci mette fantasia. Mentre se ci metti un russo, un polacco o un ucraino a tirare contro il muro, lui continua finché non intervieni per dirgli: «Basta, ora cambia». Nei settori giovanili i calciatori dell'Est sono fortissimi, poi si perdono un po', in quanto, sino a pochi anni fa, non avevano motivazioni forti, perché guadagnavano poco. Ora anche là sta cambiando.

ROSA ALBERONI   *Torniamo in Italia: i mass media, pur con i mali che producono, non contribuiscono a tenere molto vivo l'interesse per il calcio?*

MARCELLO LIPPI   Certamente. È quello che viene fuori parlando con i giornalisti. A noi che facciamo questo mestiere dicono: «Parlandone così tanto, facciamo anche il vostro interesse». E questo è vero. L'interesse che esiste in Italia per il calcio non c'è in nessun altro Paese.

\*\*\*

ROSA ALBERONI   *Parliamo dei campioni della storia del calcio. Come considera Pelé?*

MARCELLO LIPPI   Pelé lo considero un calciatore fantastico. Capacità atletiche straordinarie, possessore di una potenza che esprimeva, per esempio, nello stacco di testa, nei movimenti felini. Un campione eccezionale, dotato di fantasia, di tecnica, di genialità. Ho un solo rammarico, che non abbia mai giocato in Europa. Ha giocato soltanto in America Latina. Sarebbe stato bello vederlo giocare in Italia, o in un Paese europeo. Sì, l'abbiamo visto qualche volta giocare con il Brasile o con il Santos in Europa, però non in una squadra europea. Sicuramente è stato il più grande talento della sua era.

ROSA ALBERONI   *Qualcuno ha superato Pelé?*

MARCELLO LIPPI    Io credo che si possano mettere sullo stesso piano Pelé e Maradona. Tuttavia Maradona ha qualcosa in più: ha giocato anche in Europa, si è misurato con le squadre europee. Il calcio europeo è molto più difficile di quello sudamericano.

ROSA ALBERONI    *Perché?*

MARCELLO LIPPI    Perché la difesa nelle nostre squadre è più forte, i nostri calciatori sono più aguerriti tecnicamente. E allora giocare per parecchi anni in Europa, contro le difese delle squadre europee, è molto più difficile che giocare nella migliore squadra sudamericana, e contro le squadre sudamericane in genere.

ROSA ALBERONI    *Quindi paragonando i due campioni sudamericani, Pelé ha superato Maradona solo sul come ha chiuso la carriera?*

MARCELLO LIPPI    Noi stiamo parlando di calciatori. Come uomo non mi permetto di giudicare nessuno, tanto meno Maradona, perché in quanto essere umano qualche peccato è inevitabile.

ROSA ALBERONI    *Maradona ha commesso un peccato che ha danneggiato solo lui stesso.*

MARCELLO LIPPI    Esatto.

ROSA ALBERONI   *Dei campioni europei di qualche de-*
*cennio fa, io ho sempre ammirato la classe di Becken-*
*bauer. E lei come lo valuta?*

MARCELLO LIPPI   È perfetto, non ha nessun difetto,
mi piace anche come persona. Beckenbauer, come
calciatore, ha avuto grande intelligenza, grande capacità, grande stile, classe. È un uomo intelligente,
colto. Un uomo che ha saputo trasformare la sua ce-
lebrità in qualcosa di positivo, anche nel proseguire
la sua carriera. È diventato presidente di questa e poi
di quell'altra organizzazione. Presidente del Bayern
Monaco, presidente dell'Organizzazione dei Mondiali. Una persona che ha saputo mantenere una sua
affabilità, una sua modernità anche dopo tanti anni.
Mi è simpatico perché è anche una persona gauden-
te, ma con rigore. È una figura impeccabile che si
può accostare al nostro Facchetti. Anche la figura di
Giacinto Facchetti a livello europeo, a livello di UE-
FA, di FIFA, si può accostare a Beckenbauer.

ROSA ALBERONI   *Altri grandi giocatori italiani che si*
*possono accostare a Facchetti?*

MARCELLO LIPPI   Gianni Rivera, mi è sempre piaciu-
to, grande tecnica, grandi capacità agonistiche, molta serietà, e la sua riservatezza.

ROSA ALBERONI   *E Riva?*

MARCELLO LIPPI  Gigi Riva è esplosivo come lo era da calciatore, prima lo era con i piedi, ora lo è caratterialmente, è una persona bella, chiara, limpida.

ROSA ALBERONI  *Quindi giova molto allo staff della Nazionale. Che ruolo ha Riva nella Nazionale?*

MARCELLO LIPPI  Attualmente è vicecommissario. Tuttavia è sempre stato un confidente dei calciatori. Ogni tanto, quando vede qualcuno un po' giù o incerto lo prende sotto braccio, gli parla, lo tranquillizza, gli dà fiducia. E per il calciatore certe cose raccontate da Gigi Riva assumono un'importanza notevole.

ROSA ALBERONI  *È una sorta di psicoterapista dei calciatori della Nazionale.*

MARCELLO LIPPI  Eh sì, è una figura molto importante. È una presenza discreta e rassicurante. Insomma, nel gruppo che ha vinto la fantastica Coppa del Mondo, c'erano persone davvero speciali...

*Finito di stampare nel mese di ottobre 2006 presso*
*Grafica Veneta - via Padova, 2 - Trebaseleghe (PD)*
*Printed in Italy*